El sonido del reino

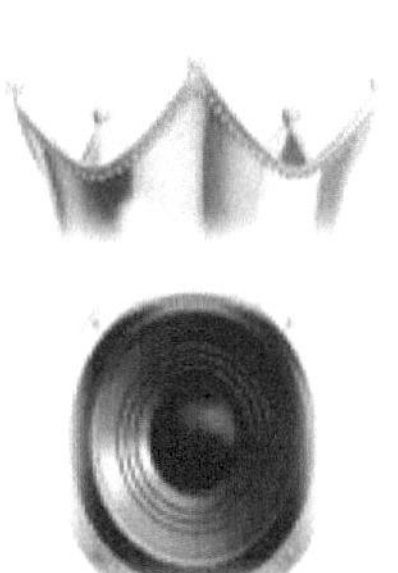

Rafael Herrera

Prólogo

Esta es mi primera edición. Por primera vez decidí plasmar parte de mí historia en el mundo del audio, en la que recuerdo el pasado, mis comienzos en esto tan maravilloso mundo que llamamos audio profesional. Doy gracias a Dios por permitirme disfrutar de 12 años fructíferos sin parar y los que faltan, dedicando mi mayor tiempo en aprender cada día más, a pesar de los errores que cada vez son menos. He tenido la fortuna de haber asistido a una escuela de nivel superior y cursar estudios en audio profesional, con el objetivo de siempre buscar la excelencia. Recuerdo el primer día que asistí a ese lugar, dije "por fin alguien me enseña a utilizar estos equipos", le oré a Dios dando gracias por estar en ese lugar aprendiendo de la mano de muy buenos profesores, eso me inspiró a tomar la iniciativa de realizar este libro y es que he tenido la oportunidad de estar en diferentes lugares del país y sobre todo en actividades religiosas, en muchas congregaciones observando que existen debilidades en el uso y el cuidado de los equipos tecnológicos.

Esta edición trata de explicar de una manera muy sencilla y fácil de entender por los lectores la historia del tabernáculo, **como es el sonido del reino**, la santidad e instrumentación, la importancia de la limpieza para preservar esos instrumentos y lo honorable que las personas deben saber al utilizar los instrumentos, llevándolo a la era actual en la cual vivimos. Honrando primeramente a Dios Jehová.

También comparto algo de historia tecnológica y muchas anécdotas en mi vida durante estos años del audio profesional, sin dejar de comentar muchos consejos prácticos referentes al audio profesional.

Rafael Herrera

Índice

El decibel

Un decibel es una unidad de medida que se utiliza para expresar la intensidad de un sonido. Es una forma de medir la presión acústica y se calcula mediante una escala logarítmica, lo que significa que un aumento de 10 decibeles equivale aproximadamente a duplicar la intensidad del sonido. Por ejemplo, el sonido de un susurro típico puede medirse alrededor de 30 decibeles, mientras que el ruido de una motosierra puede alcanzar niveles de hasta 120 decibeles, que es lo suficientemente alto como para causar daño auditivo si se está expuesto durante mucho tiempo.

La potencia en el audio se refiere a la cantidad de energía acústica que se transmite a través de un sistema de sonido. Se mide en watts y representa la capacidad del sistema para producir sonido con una determinada intensidad y claridad. Cuanta mayor sea la potencia de un sistema de audio, mayor será su capacidad para reproducir sonidos con fidelidad y volumen.

La potencia en el audio puede influir en la calidad del sonido, la claridad de las frecuencias y la capacidad del sistema para llenar un espacio determinado con sonido. Una mayor potencia permite a un sistema de audio alcanzar niveles de volumen más altos sin distorsión, lo que resulta en una experiencia auditiva más inmersiva y satisfactoria.

Es importante tener en cuenta que la potencia de un sistema de audio debe estar en equilibrio con otros factores, como la sensibilidad de los altavoces y la calidad de los componentes, para obtener un rendimiento óptimo. También es importante considerar aspectos como la acústica del espacio y las necesidades específicas de cada aplicación para elegir el sistema de audio más adecuado.

La presión sonora se refiere a la variación de la presión del aire causada por una onda sonora en un determinado ambiente. Esta presión se produce por la vibración de una fuente sonora, como un instrumento musical, una voz humana o cualquier otro objeto que genere sonido. La presión sonora se propaga en todas direcciones a través del aire en forma de ondas de compresión y rarefacción.

La intensidad de la presión sonora se mide en decibelios (dB) y es una medida de la cantidad de energía acústica presente en un determinado sonido. Los sonidos más fuertes, como los producidos por una explosión o un concierto de rock, generan presiones sonoras más altas que los sonidos más suaves, como el susurro de una persona.

Es importante tener en cuenta que la exposición continua a niveles altos de presión sonora puede tener efectos negativos en la salud auditiva, causando daños en los oídos y eventualmente la pérdida de la audición. Por esta razón, es recomendable protegerse adecuadamente en entornos ruidosos y limitar la exposición a sonidos fuertes para preservar la salud auditiva.

El sonido es una vibración que se propaga a través de un medio elástico, como el aire, y que es percibida por el ser humano a través del sentido del oído. Un sonido se caracteriza por dos propiedades: la frecuencia y la amplitud.

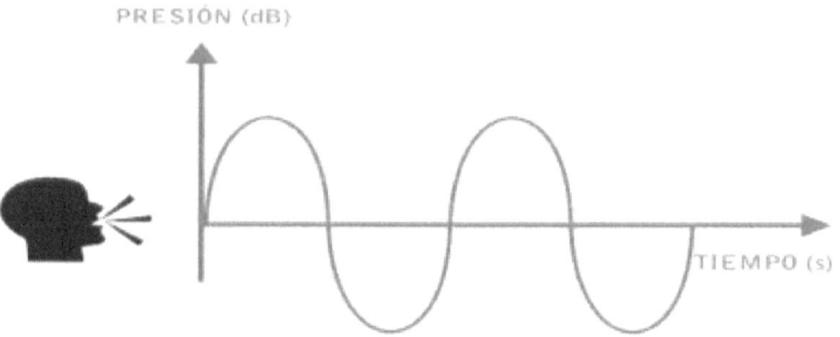

Las frecuencias en el audio se refieren a las diferentes vibraciones o ciclos que se producen en una onda sonora. Estas vibraciones se perciben como tonos o notas musicales, o como los diversos sonidos que escuchamos en nuestro entorno. En términos técnicos, la frecuencia se mide en hertz (Hz) y representa el número de ciclos completos de onda que se producen por segundo.

Las frecuencias más bajas corresponden a tonos graves, mientras que las frecuencias más altas corresponden a tonos agudos. La gama completa de frecuencias audibles para los humanos va aproximadamente de 20 Hz a 20.000 Hz, aunque esta capacidad puede verse afectada por la edad y la exposición a ruidos fuertes.

En la producción de audio, es importante considerar las frecuencias para lograr un equilibrio tonal adecuado y una buena calidad de sonido. Por ejemplo, en la mezcla y masterización de una canción, se ajustan las frecuencias para que los diferentes instrumentos y voces se complementen entre sí y se destaquen en el contexto de la grabación.

La amplitud sonora se refiere a la magnitud de la vibración de las partículas en un medio (como el aire) que produce un sonido. En otras palabras, es la medida de la distancia máxima que las partículas se desplazan desde su posición de equilibrio cuando se produce una onda sonora.

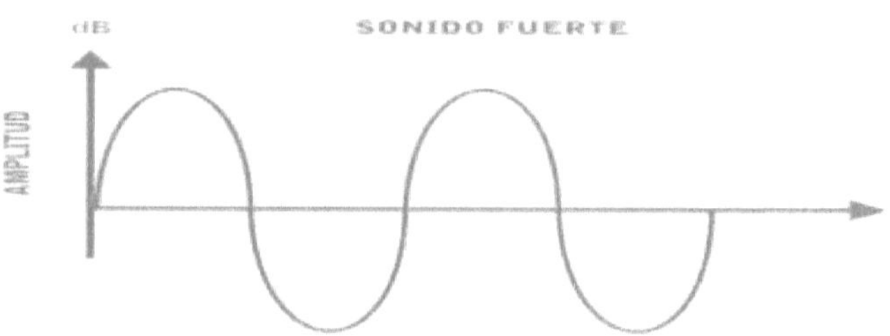

La amplitud está relacionada con la intensidad del sonido, es decir, con la energía que transporta la onda sonora. A mayor amplitud, mayor será la intensidad del sonido y, por lo tanto, más fuerte será la percepción auditiva.

La amplitud se mide en decibelios (dB) en el contexto de la acústica y la onda sonora. Un aumento de aproximadamente 10 dB se percibe como un sonido aproximadamente dos veces más fuerte. La amplitud afecta la percepción del volumen y la calidad del sonido, y es un factor importante en la formación de la experiencia auditiva.

Entre el umbral de audición y el umbral de dolor podemos situar los niveles de presión acústica que percibimos habitualmente. En la siguiente tabla se muestran varios ejemplos, medidos a un metro de distancia:

dB	EJEMPLO	SENSACIÓN
0	UMBRAL DE AUDICIÓN	NIVEL BAJO
30	DORMITORIO EN SILENCIO	NIVEL BAJO
50	TV BAJO NIVEL	NIVEL MODERADO
60	CONVERSACIÓN	NIVEL MODERADO
70	OFICINA	NIVEL ELEVADO
80	TRÁFICO DENSO	NIVEL ELEVADO
90	BAR CON EQUIPO DE MÚSICA	NIVEL ELEVADO
100	DISCOTECA	NIVEL MUY ELEVADO
120	DESPEGUE DE AVIÓN	NIVEL MUY ELEVADO

Umbral de audición y el umbral de dolor

Algunos cuidados del oído humano incluyen evitar la exposición a ruidos fuertes, no introducir objetos extraños en el canal auditivo, secar adecuadamente los oídos después de nadar o bañarse, y consultar a un especialista en caso de presentar dolor, secreción u otros síntomas anormales en el oído. También es importante mantener una higiene adecuada y no utilizar hisopos para limpiar el canal auditivo. Realizar una audiometría una vez por año.

La acústica es la rama de la física encargada de estudiar el sonido y su propagación en diferentes medios. Se encarga de analizar cómo se generan, se transmiten y se perciben los sonidos en el entorno. La acústica se puede aplicar en diferentes campos como la música, la arquitectura, la ingeniería, entre otros.

En el estudio de la acústica, se analizan diversos conceptos como la intensidad del sonido, la frecuencia, la velocidad de propagación, la reflexión, la absorción y la difracción del sonido en diferentes materiales y espacios.

La acústica también se aplica en el diseño de espacios para optimizar la calidad auditiva en auditorios, teatros, estudios de grabación, entre otros, así como en el diseño de materiales y equipos que reduzcan la propagación del ruido y mejoren la calidad del sonido.

La psicoacústica explora cómo el oído humano recibe, analiza e interpreta las vibraciones sonoras, así como cómo nuestro cerebro interpreta y organiza la información auditiva para percibir la música, el habla y otros sonidos del entorno. También investiga cómo factores como la edad, la atención, el contexto y la experiencia afectan nuestra percepción auditiva.

Esta disciplina es fundamental en la ingeniería de audio, el diseño de sistemas de sonido, la compresión de audio, la reproducción de sonido en dispositivos electrónicos y la psicología de la música, ya que nos ayuda a entender cómo las características físicas de los sonidos se relacionan con nuestras experiencias y emociones auditivas.

La acústica musical es una rama específica de la acústica que se enfoca en el estudio de los fenómenos acústicos relacionados con la música. Esta disciplina se centra en entender cómo se generan, se propagan y se perciben los sonidos musicales, así como en analizar la calidad y la percepción del sonido en la música.

Mis siete amigos dinámicos

Acompáñame en este viaje llamado mis siete amigos donde te presentare a cada uno de ellos, para que logres así un buen sonido tanto en vivo como en estudio y estos amigos míos son los siguientes:

El compresor

Es un procesador que trabaja sobre una señal de audio en el cual reduce el nivel de la señal cuando está sobrepasa un determinado valor alterando por tanto la dinámica de esa señal, el operador decide el nivel en el cual empiece a actuar este compresor, puedes utilizar el compresor para comprimir una señal de audio y también lo puede utilizar para buscar un rango dinámico ideal de esa señal, cuando la señal suena muy bajo y el operador desee que suba esa señal el compresor se configura para que suba esa señal y viceversa si la señal es muy fuerte el operador puede ajustar el compresor para que esa señal disminuya su dinámica, en algunos estilos de música como el estilo bailable se utiliza para producir efectos de bombeo o aplastamiento en un área particular de los sonidos ya sean de percusión o de voces, hay varios tipos de compresores:

Hay un compresor llamado multibanda es similar al compresor normal pero como indica su nombre este actúa sobre el rango dinámico de diferentes bandas en específico esto significa que puedes comprimir ciertos rangos de frecuencia y dejar intacto el resto de las frecuencias como por ejemplo comprimir una línea de bajo y dejar intacto las melodías y las voces, el compresor multibanda es útil para muchas cosas como por ejemplo el área de masterización de canciones es posible determinar las zonas que han de ser comprimidas con el mismo compresor multibanda.

Compresor dual/limitador/puerta de ruidos

El limitador

Este procesador dinámico te permite definir el máximo nivel de picos de una señal y evita que esa señal pase de ese nivel normalmente se utiliza para que la señal no sature y no sobrecargue la salida de los equipos así se evita daños futuros de amplificadores y altavoces y también se utiliza en el sonido en vivo y en el área de masterización de canciones, los limitadores actúan en el margen dinámico de una señal haciendo que las partes más silenciosas parezcan más elevadas de volumen de modo que es muy importante aprender a utilizar muy bien este procesador dinámico porque puede conseguir mayor percepción del volumen y a la vez poder proteger el sistema evitando que ciertos picos de volumen afecten tu equipo sonoro.

El de-essing

Este procesador dinámico actúa como efecto correctivo Ya que combina la ecualización y la compresión para eliminar cualquier silivancia excesiva en las voces y también te ayuda para atenuar las pronunciaciones de las ss en las voces, sin alterar el volumen global de esa señal de audio en pocas palabras moldea la señal de audio.

Excitadores aurales

En términos generales los excitadores se basan en dos tipos de circuitos que pueden utilizarse bien por separado o bien en combinación empleando un proceso denominado síntesis armónica con el objeto de general señales de alta frecuencia que se mezclan con el audio original para conseguir ese brillo que tanto puede hacer falta par levantar una mezcla y hacer que suene especial, hay en la actualidad marcas muy famosas como lo son; Aphex excitador, Spl vitalizer.

El Gate (compuerta)

El gate es un circuito integrado que se utiliza para controlar si la señal de entrada puede pasar o no a la salida. Este tipo de procesador dinámico se utiliza en varias aplicaciones como en la industria de los sonidos en vivo y los estudios de grabación.

El expansor

El procesador dinámico expansor puede reducir el ruido de fondo indeseado al expandir la dinámica de la señal de audio, lo que mejora la calidad general del sonido.

El Maximizador

Como su nombre lo dice es el encargado de maximizar señales de audio el objetivo principal es restablecer la relación de fase adecuada entre los graves, medios y agudos al mismo tiempo que aumenta las señales de los extremos del espectro y es tan fácil de utilizar que en la mayoría de los equipos que tienen esta función de maximizador nada más tienen dos controles principales, para poder entender lo que hace un maximizador a continuación se explica n los términos de armónico, fase:

Armónico es el contenido de una señal a una frecuencia relacionada con otra inferior denominada fundamental la relación es matemáticamente simple los armónicos son pares (2x, 4x, 8x, la fundamental, etc) o impares (3x, 5x, 7x la fundamental, etc). los sonidos complejos como las ondas en diente de sierra o cuadradas contienen un sinfín de armónicos guardan relación con la frecuencia fundamental.

Face es la relación temporal entre dos señales suele expresarse en grados las señales que están en fase o defasadas dan lugar a señales de mayor amplitud que se suman las señales en contra fase de pasada 180 grados se cancelan entre sí entre ambos extremos las señales como las de una canción guardan relación de fase complejas que en caso de ser alteradas por algún dispositivo ocasionarán distorsión en mayor o menor medida.

Lexicon
MX400
Dual Stereo/Surround
Reverb Effects Processor
Lexicon
MX400
Dual Stereo/Surround
Reverb Effects Processor
INPUT CONTROL

Qué son los efectos

Algunos efectos se usan para añadir dramatismo o interés otros pueden suavizar una voz desafinada y también hay otros que pueden transformar el sonido en algo completamente distinto algunos de los efectos se presentan bajo distintas apariencias algunos como lo son la reverb el delay.

La reverb

Este efecto es simplemente la suma de las reflexiones de las ondas sonoras en un espacio además es el camino directo hacia el oyente las múltiples ondas sonoras llegan al oyente en momentos distintos pero siempre después que el sonido directo y con cambios debidos a la absorción del aire y a la superficie en la que rebotan estas ondas siguen rebotando hasta que su energía se absorbe completamente, cuando estés en una sala muy grande auditorio iglesia por nombrar algunos sitios prueba con este simple ejercicio da una palmada y escucha a esto mismo en unas cuantos lugares de estas áreas mencionadas y en distinto puntos de las de las mismas por ejemplo cerca de las paredes en la tarima si hay tarima en el puesto de control donde están los equipos de audio puede que te sorprenda lo que escuches con una simple palmada

y cuándo ves la palmada concéntrate y escucha cómo se desvanece ese sonido reproducido mediante tu palmada A eso se le conoce como reverberación el famoso RT 60 que es el tiempo que transcurre desde la primera señal de audio reproducida hasta su total desvanecimiento en este efecto llamado reverb lo conseguiremos en equipos externos y en algunas consolas de audio tanto análogas como digitales.

El delay Este efecto básicamente lo que hace es que presenta una copia retardada de la señal que le suministremos creando así un retardo generalmente varía dc unos pocos milisegundos a varios segundos dependiendo de su configuración como por ejemplo tenemos que una sola repetición de un sonido tiene muchas repeticiones cuando pasa por este efecto así que suele haber un bucle de realimentación que dirige la señal de salida del delay de nuevo a la entrada el nivel de la señal realimentada determina lo rápido que desaparecen las repeticiones, palabras más palabras menos: pasa la señal por el efecto delay y el retrasa la señal varios milisegundos y después la reproduce esa repeticiones las podemos sincronizar y la podemos colocar a nuestro antojo.

La distorsión

La distorsión es un efecto de sonido que se logra al sobrecargar una señal de audio, lo que resulta en un aumento en la amplitud de las ondas de sonido. Esto genera un sonido saturado, con una cantidad significativa de armónicos y, en muchos casos, un tono más agresivo y crudo. La distorsión es comúnmente asociada con géneros de música como el rock, el metal y el punk, donde se utiliza para añadir energía y agresividad a las grabaciones.

Chorus

El efecto de coro, también conocido como "chorus" en inglés, es un tipo de procesador de efectos de audio que crea la ilusión de múltiples fuentes de sonido similares tocando al unísono, creando un efecto de densidad y amplitud en el sonido. El coro es comúnmente utilizado en música para darle más profundidad y textura a los sonidos, haciéndolos sonar más ricos y complejos.

Phaser

Un procesador de efecto de fase, también conocido como "phaser" en inglés, es un dispositivo utilizado en el procesamiento de señales de audio para crear un efecto de sonido característico que se asemeja a un barrido de frecuencias. Este efecto es producido al modificar la fase de la señal de audio original y combinarla con versiones desfasadas de sí misma.

Flanger

Un procesador de efecto de flanger es un dispositivo utilizado en el procesamiento de señales de audio para crear un efecto de sonido característico que se produce al duplicar una señal de audio y desfasar una de las señales ligeramente, para luego combinarlas. Este desfase crea el efecto de "flanging", que consiste en una modulación de fase que produce un sonido metálico y en movimiento.

micrófonos

es momento de hablar sobre los micrófonos que son los micrófonos tipos de micrófonos polaridades de ellos y algunos consejos útiles.

Un micrófono básicamente es un transductor ya que la energía pasa de una forma a otra sumisión es convertir las ondas sonoras energía acústica en energía eléctrica tratar de capturar todo ese sonido con convertirlo en energía eléctrica lo que se conoce contrario a las cornetas o altavoces, cuando se algún tipo de sonido en el ambiente esas ondas que se generan provocan ciertos cambios en la presión de aire logrando así que se mueva el diafragma interno del micrófono estas vibraciones se usan para generar una corriente alterna y la forma exacta en la que se hace esto determina cada clase de micrófono, existen variaciones dentro de cada tipo de micrófono aunque hay dos modelos muy fundamentales que son el micrófono dinámico y el micrófono de condensador a continuación veremos estos dos tipos de micrófonos micrófono dinámico es el tipo de micrófono que utiliza la inducción electromagnética para generar su señal de salida y se basa en el principio de la bobina móvil el fino diafragma metálico del micrófono está asociado a una bobina de cable que se llama bobina de voz rodeada por imanes y suspendida en un campo magnético cuando se mueve el diafragma respondiendo a los cambios de presión sonora causada por las ondas esparcidas en el aire esa bobina del micrófono se mueve en el campo magnético cortando las líneas del flujo que origina la corriente eléctrica.

Los micrófonos de condensador se basan en principios electrostáticos en tanto uno dinámico sigue la teoría electromagnética, en el caso de los micrófonos condensador tienen la cápsula está compuesta por dos superficies conductoras de electricidad que están separadas por algo de aire, tienen una superficie es una membrana muy ligera el diafragma mientras que la otra es sólida estas dos placas están muy juntas pero no llegan a tocarse y actúan como un condensador un componente electrónico capaz de almacenar cargas eléctricas la presión del sonido sobre el diafragma hasta que este se mueva por lo que cambia la capacidad del circuito y se genera una señal eléctrica de salida esta señal es amplificada por una impedancia que se adapta al amplificador incluido dentro el micrófono estos micrófono necesitan un suministro de corriente eléctrica para funcionar está corriente se conoce con el nombre de alimentación fantasma de 48 voltios muchas consolas de sonidos y previo de micrófonos incluyen la opción de 48 voltios para que puedan funcionar estos tipos de micrófonos. Estos micrófonos de condensador se caracterizan por una respuesta en frecuencia bastante uniforme que da lugar a un sonido más natural suelen ser más sensibles que los micrófonos dinámicos y los micrófonos de condensador suelen ser más delicado frágiles que los micrófonos dinámicos por el tipo de uso que se le aplica hay varias variaciones de micrófonos, los antes mencionados eran dinámico y de condensador pero hay otros tipos de micrófono que son micrófonos de contacto este micrófono también se conoce como micrófono de placas por la sencilla razón de que se trata de un micrófono eléctrico o de condensador de cápsula pequeña alojado en una placa plana el diafragma debe estar bastante cerca de la superficie ya sea una mesa una pared un suelo sobre la cual se coloca el micrófono otro micrófono es el llamado micrófono de cinta este micrófono han surgido últimamente gracias a la aparición de varios nuevos modelos como lo pueden ser el RCA 44 es uno de los micrófonos considerados clásicos básicamente un micrófono de cinta es un tipo especial de micrófono dinámico que lleva una fina cinta de aluminio suspendida entre los polos de un circuito magnético a otro tipo de micrófono que es el micrófono de válvulas este tipo de micrófono es igual que un micrófono de condensador pero su diferencia es que incluye un amplificador a las válvulas mucho de ellos internamente dentro del cuerpo del micrófono y otros traen una caja externa donde se colocan este tipo de válvulas este tipo de micrófono suele proporcionar un sonido suave y cálido apropiado para grabar voces. hay otro tipo de micrófono llamado micrófono eléctrico es muy parecido un micrófono de condensador estándar, pero se diferencia en que utiliza un material permanente cargado asociado a la placa posterior de la cápsula para cargar el diafragma en lugar de alimentación fantasma de 48 voltios

Este tipo de micrófono suelen ser más pequeños y ligeros que los del condensador y ese colocarlo en espacios reducidos sigue necesitando corriente externa para cargar la impedancia del amplificador, pero este puede venir de una pila hay un modelo comercial y muy famoso que es el akg c1000 usa pilas.

Una vez que se entiende los tipos de micrófonos hay que considerar los tipos de patrones, la sensibilidad y la respuesta en frecuencia.

En función de la dirección en la que un micrófono capta el sonido, se define su patrón polar. A continuación, se muestran las gráficas de los dos tipos de patrones polares más comunes:

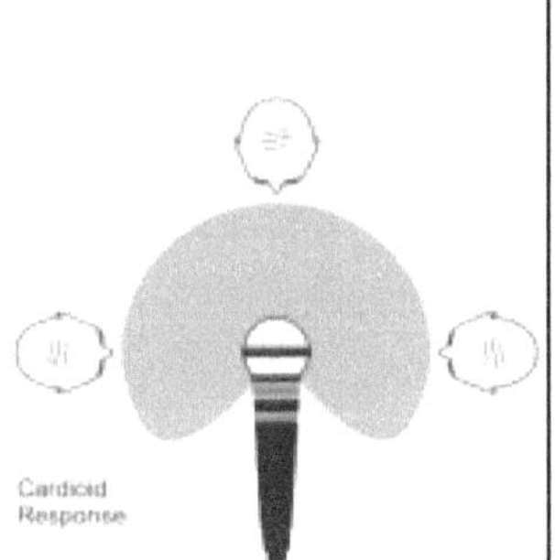

1. Cardioide: Es el patrón polar más común en micrófonos vocales e instrumentales. Este patrón polar captura el sonido principalmente desde la parte frontal del micrófono, rechazando el sonido que llega desde atrás, lo que lo hace ideal para evitar el ruido ambiental.

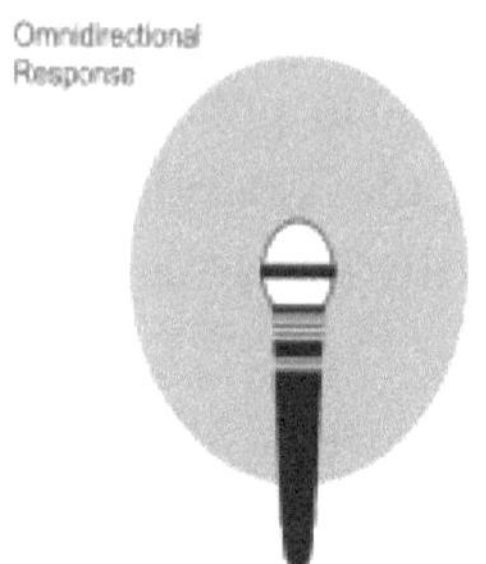

2. Omnidireccional: Este patrón polar capta el sonido de manera equitativa desde todas las direcciones. Es ideal para grabaciones de sonidos ambientales o cuando se quiere captar sonidos de forma natural sin enfatizar una dirección en particular.

3. Bidireccional: Este patrón polar capta el sonido desde la parte frontal y trasera del micrófono, mientras que rechaza el sonido que llega de los costados. Es útil para grabaciones de entrevistas o para capturar sonidos de fuentes opuestas.

4. Supercardioide/Hiper cardoide: Estos patrones polares son variantes del cardioide que ofrecen una mayor dirección y rechazo de sonido lateral. Son ideales para situaciones donde se necesita una alta dirección y aislamiento del ruido de fondo.

Estos son algunos de los tipos de patrones polares más comunes en los micrófonos, cada uno con sus propias ventajas y usos específicos. Es importante tener en cuenta el patrón polar al momento de elegir un micrófono para asegurarse de que se ajuste a las necesidades de grabación o interpretación.

Sensibilidad del micrófono

Es el nivel de salida eléctrica para un nivel de presión sonora y una forma perfecta de determinar el nivel de salida entre dos micrófonos como ejemplos y dos micrófonos reciben el mismo nivel de presión sonora abreviatura spl aquel micrófono que mayor sensibilidad tenga producirá un mayor nivel de salida por eso es que algunos fabricantes de micrófono suelen indicar el nivel de presión sonora que soporta un micrófono antes de que empiece a distorsionar, mientras que los micrófonos dinámicos suelen soportar niveles de presión sonora muy elevado sin que distorsionen la salida de un micrófono El condensador colocado a intensas fuentes sonora con presiones muy altas de presión sonora, estos micrófonos suelen sobrecargar su propio interno por eso que algunos micrófonos de condensador suelen tener incorporado un switch que le permite atenuar el nivel de señal de salida entre 10 y 20 decibeles donde como resultado que el micrófono pueda soportar mayores niveles de presión sonora.

Respuesta en frecuencia de los micrófonos

Los micrófonos suelen traer un manual de usuario en el cual se muestra su respuesta en frecuencia los micrófonos difieren entre sí en la forma en que responden a los sonidos de distintas frecuencias, esta respuesta en frecuencia se dibuja en una gráfica donde el nivel de salida está en eje vertical y las frecuencias se representan en el eje horizontal normalmente entre 20 ejercicios y 20 000 hz, hay micrófonos que tienen una frecuencia totalmente plana mientras que otros micrófonos tienen una curva elevada en alguna frecuencias logrando así el realce de dichas frecuencias a la hora de capturar un sonido esta característica pueden estar previamente diseñadas por el propio fabricante del micrófono buscando así que la persona que los adquiera puedan decidir En dónde colocarlo para lograr una mayor captura del sonido deseado. aparte de su fabricación el cual incluye su respuesta en frecuencia hay algunos micrófonos que tienen atenuadores para atenuar frecuencias específicas un ejemplo es el micrófono de la marca akg 414 este micrófono tiene un atenuador que cubre los rangos graves atendiendo 12 decibeles a 75 hercios o 150 hercios este micrófono te permite seleccionar una de estas dos bandas de frecuencia para atenuar esa octava en específico de frecuencia.

A lo largo de la historia se ha demostrado la calidad tanto en precio y confiabilidad de algunos micrófonos solamente con el pasar de los años se puede demostrar cuáles son los micrófonos que se siguen actualizando, estos micrófonos simplemente con observar una grabación en vivo o en un estudio de grabación y ver micrófonos posicionados en algunos instrumentos musicales podemos saber cuáles son los micrófonos más utilizados, el más conocido en el ambiente del audio profesional, a continuación le hablare algunos de ellos.

Neumann u87 es un micrófono que funciona
a válvulas, bueno para grabar voces, este micrófono lo solemos encontrar en muchos estudios de grabación

Shure sm 57 este modelo de micrófono es muy famoso El mundo, es considerado como el modelo favorito para microfonear amplificadores de guitarras y baterías tanto en directo como en el estudio, pero también sirve para otras muchas cosas: para microfoníar voces y algunos instrumentos de tipo metal, instrumentos metálicos trompetas es un todoterreno este tipo de micrófono.

Shure sm 58. este micrófono es de tipo dinámico cardioide tiene una respuesta en frecuencia elevada en los medios superiores buscando así el realce de las voces, si piensas microfonear varias voces te servirá, es muy buena opción este micrófono ya que logra realzar la voz dentro de lo demás instrumentos y es el favorito para cargarlo en la mano sin necesidad de un paral, es muy resistente

AKG c12 este micrófono es muy famoso y antiguo se suele utilizar para realizar grabaciones de voces es un micrófono a válvulas suele conseguirse en muchos estudios de grabación famosos. Es de color verde.

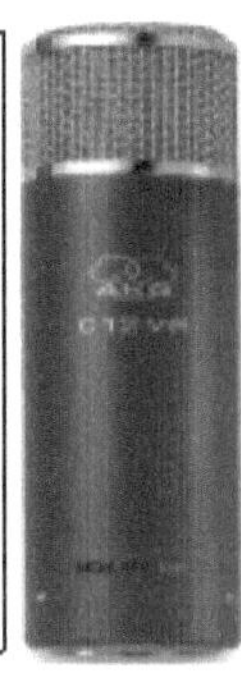

AKG c1000s. como se mencionó anteriormente este micrófono suele utilizar pilas si no sé se tienen pilas a la mano funciona también por un previo de micrófono o una consola que disponga de corriente de 48 voltios es un micrófono muy recomendable para utilizarlo en los overheads de la batería reproduce también buenos resultados en voces y guitarras acústicas.

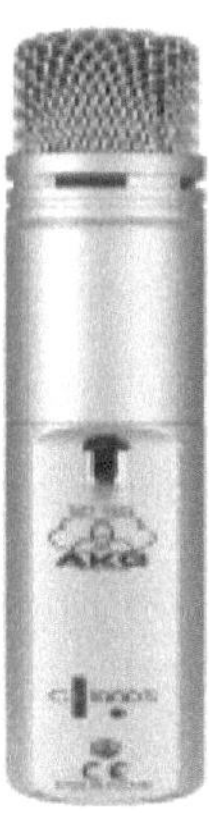

El micrófono Sennheiser e835 es un micrófono cardioide de mano diseñado para uso en presentaciones en vivo y grabaciones en estudio. Tiene una respuesta de frecuencia amplia y precisa, con una cápsula dinámica que ayuda a reducir el ruido de manejo y la retroalimentación. También cuenta con un diseño robusto y ergonómico que facilita su uso durante largos períodos de tiempo.

El micrófono AKG D112 es un micrófono dinámico de gran diafragma diseñado específicamente para capturar frecuencias graves y sonidos de baja frecuencia, como bombos y el de instrumento bajo. Tiene una respuesta de frecuencia extendida en la región de frecuencias bajas, lo que lo hace ideal para aplicaciones en estudio y en vivo donde se requiere una captura precisa de los graves. El AKG D112 también cuenta con una cápsula resistente que puede soportar altos niveles de presión sonora, lo que lo hace perfecto para su uso en entornos de grabación o en presentaciones en vivo con instrumentos de baja frecuencia.

Polaridad del micrófono AKG D112

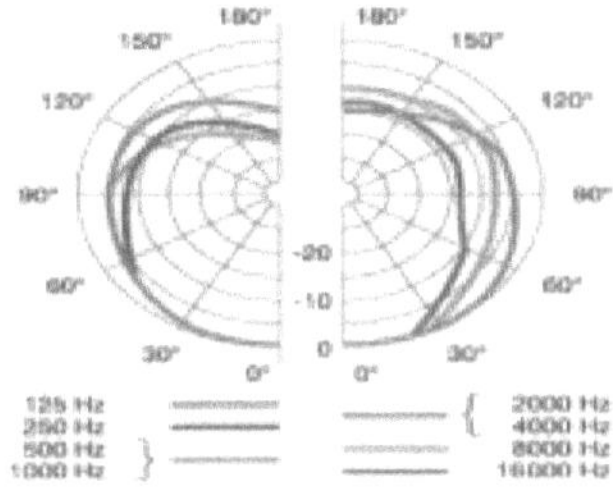

Respuesta en frecuencia micrófono AKG D112

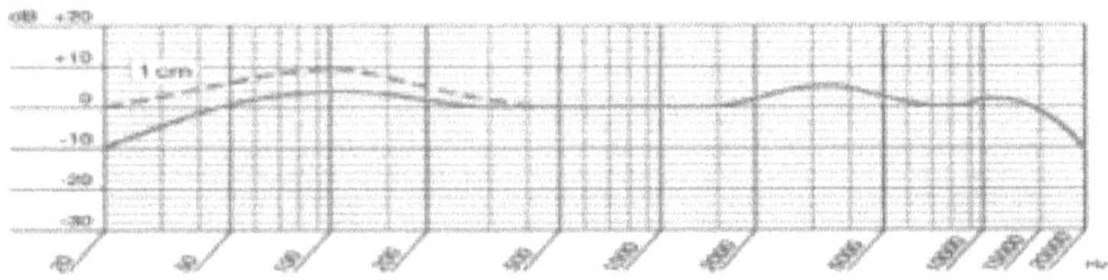

www.academiastudio240.com
Academia Studio240

Pensum de estudio internacional

Clases online y semi presencial

Tenemos metaverso
IA inteligencia artificial
Biblioteca online

Diplomados
Canto, sonido y teología.

información

+584242855216

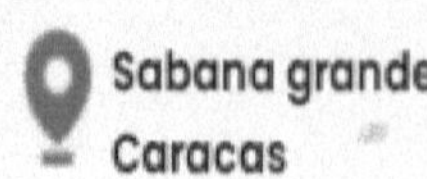

Sabana grande
Caracas

POSTER
MAKER

Principio de un altavoz
(En algunos lugares del mundo la llaman cornetas)

El principio de funcionamiento de un altavoz se basa en la conversión de señales eléctricas en ondas sonoras.

Cuando se transmite una señal eléctrica a través del altavoz, esta hace que una bobina de alambre en su interior se mueva en un campo magnético generado por un imán permanente. Este movimiento de la bobina produce cambios en la presión del aire, generando así ondas sonoras que podemos escuchar como sonido.

La calidad del sonido producido por un altavoz dependerá de factores como la potencia y la calidad de los componentes utilizados, así como del diseño del altavoz en sí.

Cornetas de 45 grados

Una corneta de 45 grados es un tipo de altavoz o bocina diseñado para dispersar el sonido en un ángulo de 45 grados. Este tipo de corneta es comúnmente utilizado en sistemas de sonido para proyectar el sonido de manera más amplia y con mayor alcance en comparación con altavoces convencionales.

Al dirigir el sonido en un ángulo de 45 grados, la corneta de 45 grados puede ser útil en aplicaciones donde se requiere una cobertura de sonido más amplia, como en conciertos al aire libre, eventos deportivos o instalaciones de sonido profesional. La forma y diseño específico de la corneta de 45 grados está diseñado para optimizar la dispersión del sonido de manera uniforme y controlada en un ángulo determinado.

Partes de una corneta

Una corneta, también conocida como bocina o trompeta de altavoz, consta de varias partes que trabajan juntas para amplificar y proyectar el sonido. A continuación, se presentan las partes principales de una corneta:

1. Cono: Es la parte más importante de la corneta, ya que es la encargada de vibrar con la corriente eléctrica que recibe del altavoz y así generar las ondas sonoras.

2. Suspensión: Es la parte flexible que conecta el cono con el chasis de la corneta, permitiendo que el cono se mueva hacia adelante y hacia atrás para producir sonido.

3. Armazón o chasis: Es la estructura rígida que sostiene todas las partes de la corneta en su lugar y le da forma.

4. Borde o surround: Es el anillo de material flexible que conecta el cono con el armazón y le proporciona la suspensión necesaria para moverse.

5. Imán: Es una pieza magnética que interactúa con la bobina de voz para crear el movimiento del cono y, por lo tanto, generar sonido.

6. Bobina de voz: Es una bobina de alambre de cobre que está conectada al cono y se mueve dentro del campo magnético del imán para convertir la corriente eléctrica en vibraciones sonoras.

Estas son las partes principales de una corneta, aunque puede haber algunas variaciones dependiendo del diseño y la marca específica.

Una corneta empotrable para ambiente musical es un altavoz diseñado para ser instalado en la pared o techo de una habitación, con el objetivo de proporcionar una reproducción de sonido de alta fidelidad y adecuada para la escucha de música. Este tipo de altavoz suele ser utilizado en sistemas de sonido de alta calidad en hogares, estudios de grabación, salas de conciertos, bares, restaurantes y otros espacios donde se requiera una buena calidad de sonido.

Algunas características comunes de una corneta empotrable para ambiente musical pueden incluir:

1. Diseño de perfil bajo: Para que se pueda instalar de forma discreta y no sobresalga de la pared o techo.

2. Buena respuesta de frecuencia: Para garantizar una reproducción nítida y equilibrada de toda la gama de frecuencias de la música.

3. Cono de alta calidad: Para una reproducción precisa de los sonidos y una mayor durabilidad.

4. Amplio ángulo de dispersión: Para garantizar una cobertura de sonido uniforme y amplia en toda la habitación.

5. Instalación sencilla: Con opciones de montaje fácil y seguras.

Es importante elegir una corneta empotrable que se adapte a las necesidades de sonido y espacio del lugar donde se planea instalar, así como considerar la calidad y la marca del altavoz para asegurar una experiencia auditiva óptima.

Cornetas para hacer conciertos

Las características de las cornetas utilizadas para hacer conciertos pueden variar dependiendo del tamaño del evento, del tipo de música que se va a interpretar y de las necesidades específicas del lugar donde se va a realizar el concierto. Sin embargo, algunas características comunes que suelen tener las cornetas para conciertos son las siguientes:

1. Potencia: Las cornetas utilizadas en conciertos suelen tener una gran potencia para poder proyectar el sonido a distancias largas y para asegurar que todos los asistentes puedan escuchar claramente la música.

2. Cobertura de sonido: Las cornetas para conciertos suelen tener un diseño que permite una dispersión del sonido amplia y uniforme, de modo que se pueda cubrir todo el espacio del lugar donde se realiza el concierto.

3. Resistencia: Dado que las cornetas para conciertos suelen estar expuestas a condiciones adversas, como cambios de temperatura, humedad, polvo y golpes, es importante que sean resistentes y duraderas.

4. Buena respuesta de frecuencia: Para reproducir de forma nítida y precisa todos los rangos de frecuencia de la música, desde los graves más profundos hasta los agudos más agudos.

5. Facilidad de transporte y montaje: Debido a que las cornetas para conciertos suelen ser desmontables y transportables, es importante que sean fáciles de instalar y de desmontar para facilitar su transporte y montaje en diferentes lugares.

6. Calidad de sonido: Por encima de todo, las cornetas para conciertos deben ofrecer una calidad de sonido excepcional para lograr una experiencia auditiva inmersiva y satisfactoria para el público.

Sistema line array

Las cornetas line array son un tipo de sistema de altavoces utilizado en eventos en vivo y conciertos para lograr una distribución uniforme y controlada del sonido en espacios grandes. Este sistema consiste en una serie de altavoces alineados verticalmente de forma compacta y con ángulos de cobertura específicos que permiten dirigir el sonido de manera precisa hacia el público, reduciendo la dispersión lateral y minimizando la reverberación en el ambiente.

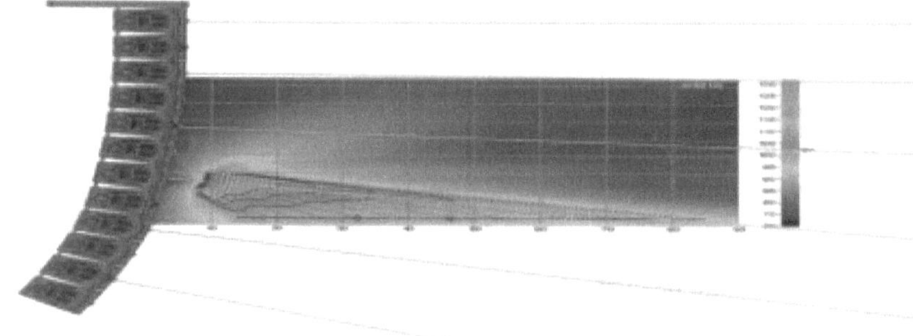

Algunas de las funciones y ventajas de las cornetas line array son las siguientes:

1. Direccionalidad controlada: Permiten dirigir el sonido de forma precisa hacia el público, evitando la propagación excesiva del sonido en áreas no deseadas y mejorando la inteligibilidad del sonido en el lugar.

2. Cobertura uniforme: Proporcionan una distribución equitativa del sonido en todo el espacio, evitando zonas con niveles de sonido desiguales y ofreciendo una experiencia auditiva consistente para todos los asistentes.

3. Mayor alcance y potencia: Gracias a su diseño vertical y compacto, las cornetas line array tienen la capacidad de proyectar el sonido a distancias largas manteniendo una alta calidad y potencia sonora.

4. Reducción de la reverberación: Al minimizar la dispersión lateral del sonido, las cornetas line array ayudan a reducir la reverberación en el ambiente, mejorando la claridad y la inteligibilidad del sonido en espacios acústicamente desafiantes.

5. Facilidad de montaje y desmontaje: Son sistemas modulares y versátiles que pueden montarse y desmontarse de forma rápida y sencilla, lo que facilita su transporte y su adaptación a diferentes configuraciones de eventos.

Antes de hablar de las diferencias entre cornetas pasivas y cornetas activas tenemos que hablar sobre el amplificador de audio, que es y su importancia en las cornetas.

Los amplificadores modernos se pueden configurar mediante su proceso DSP desde su parte física, donde algunos incluyen pantallas y en lo mejor de los casos operarse a distancia. Imagen de muestra Amplificador crown

Un amplificador de audio profesional es un dispositivo diseñado específicamente para amplificar señales de audio con una alta fidelidad y calidad de sonido. Estos amplificadores suelen utilizarse en entornos profesionales como estudios de grabación, salas de conciertos, teatros o sistemas de sonido para eventos en vivo, donde se requiere una reproducción precisa y potente del sonido.

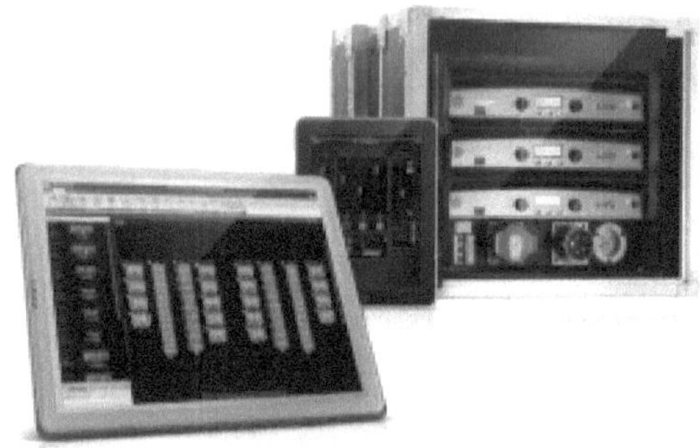

Cuando se conecta un amplificador de audio a unas cornetas, el funcionamiento es el siguiente:

1. El amplificador recibe la señal de audio, ya sea de una fuente externa como un reproductor de música o un mezclador.

2. El amplificador aumenta la amplitud de la señal de audio de manera controlada, lo que permite que la señal pueda alimentar las cornetas con suficiente potencia para producir sonido.

3. La señal amplificada se envía a las cornetas a través de los cables de conexión.

4. En las cornetas, la señal de audio amplificada hace vibrar el diafragma de los altavoces, lo que genera ondas sonoras y produce el sonido que escuchamos.

De esta manera, el amplificador de audio actúa como el componente encargado de aumentar la potencia de la señal de audio para que las cornetas puedan reproducir el sonido con la intensidad adecuada.

Diferencias entre cornetas pasivas y cornetas activas

Las cornetas (o altavoces) pueden clasificarse en dos tipos principales: pasivas y activas. La elección entre cornetas pasivas y activas dependerá de las necesidades del sonido, presupuesto y comodidad de uso de cada usuario. A continuación, se presentan las diferencias entre ambos tipos:

Cornetas pasivas:

1. Requieren de un amplificador externo para funcionar, ya que no cuentan con un amplificador integrado en su diseño.

2. Son más ligeros y compactos que las cornetas activas, ya que no incluyen componentes electrónicos adicionales.

3. Se conectan al amplificador mediante un cable de audio y necesitan de una fuente de alimentación externa para el amplificador.

4. Ofrecen una mayor flexibilidad en términos de configuración de audio, ya que permiten ajustar las configuraciones de sonido a través del amplificador.

5. Suelen ser más económicas que las cornetas activas, ya que no incluyen componentes electrónicos adicionales.

Cornetas activas:

1. Cuentan con un amplificador integrado en su diseño, lo que les permite funcionar de forma independiente sin necesidad de un amplificador externo.

2. Son más pesadas y voluminosas que las cornetas pasivas, debido a la inclusión de componentes electrónicos en su estructura.

3. Se conectan directamente a una fuente de audio, como un mezclador o una interfaz de audio, sin necesidad de un amplificador externo.

4. Ofrecen una mayor comodidad y simplicidad de uso, ya que no requieren de equipos adicionales para su funcionamiento.

Procesadores para optimizar el rendimiento del sistema de audio de los altavoces

Estos procesadores cuentan con funciones como ecualización avanzada, alineación de tiempo para sistemas de altavoces, control de realimentación en tiempo real, limitador, compresores, ecualizadores paramétricos y gráficos, ajustes de fase y procesamiento detallado para optimizar el rendimiento del sistema de audio en diferentes entornos y aplicaciones. A continuación, nombraremos el drive rack de la compañía DBX como punto de partida, ya que muchos fabricantes de altavoces crean sus propios procesadores.

El DriveRack de la compañía DBX es una línea de procesadores de altavoces y sistemas de gestión de altavoces que ha sido desarrollada y mejorada a lo largo de los años para ofrecer soluciones avanzadas en el procesamiento de audio. DBX lanzó su primera versión de DriveRack en la década de 1990, revolucionando la forma en que se gestionaba y optimizaba el sonido en sistemas de altavoces profesionales.

A lo largo de las diferentes generaciones, el DriveRack ha evolucionado para incluir funciones más sofisticadas y capacidades mejoradas, como ecualización automática, alineación de tiempo, control de realimentación, limitación y protección de altavoces, entre otras características avanzadas.

Algunos de los modelos de la línea DriveRack de DBX son:

1. DBX DriveRack 260: Ofrece funciones como ecualización automática, alineación de tiempo, control de realimentación avanzado, limitación de frecuencia y control remoto a través de dispositivos móviles.

2. DBX DriveRack VENU360: Incluye ecualización avanzada, limitación de frecuencia, control de realimentación en tiempo real, alineación de zona, múltiples configuraciones de altavoces y procesamiento del sistema de altavoces completo.

Historia de JBL

JBL (James B. Lansing Sound, Incorporated) es una empresa estadounidense de productos electrónicos, especialmente conocida por sus altavoces y equipos de audio de alta calidad. La compañía fue fundada en 1946 por James B. Lansing, un ingeniero de audio y pionero en el desarrollo de altavoces y sistemas de sonido.

JBL comenzó fabricando altavoces y sistemas de sonido profesional para la industria de la música y el entretenimiento. En la década de 1950, la compañía se convirtió en uno de los principales proveedores de equipos de audio para estudios de grabación, salas de cine y eventos en vivo. Sus altavoces se hicieron populares por su calidad de sonido superior y su durabilidad.

En la década de 1970, JBL se expandió hacia el mercado de consumo, lanzando una línea de altavoces y sistemas de audio para el hogar. La compañía se convirtió en un líder en la industria de audio de consumo, ofreciendo altavoces de alta fidelidad, sistemas de sonido envolvente, auriculares y altavoces portátiles.

A lo largo de los años, JBL ha seguido innovando en tecnología de audio y ha colaborado con artistas, ingenieros de sonido y productores de música para desarrollar productos de alto rendimiento. En 1969, JBL se convirtió en parte de Harman International Industries, una empresa de tecnología y audio con una amplia cartera de marcas Premium.

Hoy en día, JBL es una de las marcas de audio más reconocidas a nivel mundial, con productos que van desde altavoces Bluetooth y auriculares inalámbricos hasta sistemas de sonido profesionales para conciertos y eventos. La empresa continúa innovando en tecnología de audio y se mantiene como un referente en calidad y rendimiento en el mercado de audio.

Historia de DAS audio

DAS Audio es una empresa española especializada en la fabricación de sistemas de sonido profesional, conocida por su calidad de audio y su innovación tecnológica. La historia de DAS Audio se remonta a 1971, cuando un grupo de ingenieros de audio fundó la empresa en Valencia, España.

Desde sus inicios, DAS Audio se ha destacado por su enfoque en la investigación y el desarrollo de altavoces y sistemas de sonido de alta calidad para aplicaciones profesionales. La compañía ha sido pionera en el uso de tecnologías avanzadas de transductores y diseño acústico para ofrecer un rendimiento superior en sonido en vivo, instalaciones fijas, estudios de grabación y aplicaciones comerciales.

En la década de 1980, DAS Audio comenzó a expandir su presencia en el mercado internacional, estableciendo una red de distribución global y colaborando con artistas, ingenieros de sonido y empresas de producción de eventos en todo el mundo. La empresa se ha destacado por su compromiso con la calidad y la innovación, lanzando constantemente nuevos productos y soluciones para satisfacer las necesidades cambiantes de la industria de audio profesional.

En la actualidad, DAS Audio es una de las marcas líderes en sistemas de sonido profesional, con una amplia gama de altavoces, subwoofers, monitores de escenario, amplificadores y procesadores de señal. La empresa continúa siendo reconocida por su compromiso con la calidad de sonido, la fiabilidad y el rendimiento, y su presencia global la ha convertido en una opción preferida por músicos, artistas, ingenieros de sonido y empresas de eventos en todo el mundo.

Cornetas dentro del estudio de grabación

Las cornetas han sido utilizadas en estudios de grabación desde los inicios de la industria musical. Se trata de dispositivos acústicos que se emplean para mejorar la captura del sonido de instrumentos musicales, especialmente de los instrumentos de viento, como las trompetas y los saxofones.

En los primeros estudios de grabación, las cornetas eran utilizadas para dirigir el sonido de los instrumentos hacia el micrófono, de manera que se lograba una mejor captura y una calidad de sonido más clara y nítida. Con el paso del tiempo, las cornetas fueron evolucionando y se diseñaron en diferentes formas y tamaños para adaptarse a las necesidades de cada grabación.

En la década de los 70, las cornetas experimentaron un auge en su uso gracias al desarrollo de nuevas tecnologías en la industria musical. Se crearon cornetas con materiales más resistentes y de mejor calidad acústica, lo que permitió mejorar la captura de sonido y obtener grabaciones más precisas y detalladas. Hoy en día, las cornetas siguen siendo utilizadas en estudios de grabación para mejorar la calidad del sonido de los instrumentos de viento. Además, se han desarrollado nuevas tecnologías que permiten integrar las cornetas de forma digital, a través de software de simulación de acústica, lo que proporciona un mayor control y versatilidad en la grabación de instrumentos de viento. En definitiva, las cornetas son una herramienta fundamental en el proceso de grabación musical y han contribuido significativamente a la calidad de las producciones musicales.

Historia de las cornetas Yamaha ns10 studio

Las Yamaha NS10 Studio Monitor son unas cornetas extremadamente populares e icónicas en la industria de la producción musical. Fueron introducidas por Yamaha en la década de 1970 como altavoces de referencia de estudio y se convirtieron en una herramienta crucial en los estudios de grabación de todo el mundo.

A pesar de que las Yamaha NS10 no fueron diseñadas originalmente como monitores de estudio, su sonido distintivo y su capacidad para revelar imperfecciones en la mezcla las convirtieron en un estándar de la industria. Muchos ingenieros de sonido han utilizado las Yamaha NS10 como punto de referencia para asegurarse de que sus mezclas suenen bien en una variedad de sistemas de reproducción.

A lo largo de los años, las Yamaha NS10 han sido utilizadas en innumerables grabaciones exitosas y han dejado una huella imborrable en la historia de la producción musical. A pesar de que Yamaha dejó de fabricar las NS10 en 2001, siguen siendo altamente valoradas y buscadas en el mercado de segunda mano por su calidad de sonido única y su reputación como un estándar de la industria. En la actualidad se han creados diferentes emulaciones de estos ns10.

Las Yamaha NS10 se ganaron rápidamente una reputación por su respuesta de frecuencia plana y su capacidad para revelar todos los detalles del sonido, tanto los buenos como los malos. Esto las convirtió en una herramienta muy recomendables para la mezcla

Historia de las cornetas auratone dentro del estudio de grabación

Las cornetas Auratone son otro ejemplo de un altavoz de referencia icónico en la industria de la producción musical. Auratone comenzó a fabricar sus monitores de referencia en la década de 1950, y rápidamente se convirtieron en una herramienta popular en estudios de grabación de todo el mundo.

Los altavoces Auratone se caracterizan por su diseño simple y su sonido mono pequeño y poco coloreado. Aunque no ofrecen una respuesta de frecuencia completa, los ingenieros de sonido los utilizan para verificar la mezcla en un altavoz de baja fidelidad que revela imperfecciones y problemas en la mezcla que podrían no ser detectados en altavoces de alta fidelidad.

Los altavoces Auratone se han utilizado en una amplia variedad de grabaciones exitosas a lo largo de los años, y muchos ingenieros los consideran una herramienta esencial para asegurarse de que la mezcla suene bien en una variedad de sistemas de reproducción.

Los Auratone siguen siendo altamente valorados en la industria de la producción musical y son buscados por su sonido único y su capacidad para revelar los detalles sutiles de una mezcla. En la actualidad, hay fabricantes que han lanzado versiones actualizadas de las cornetas Auratone para satisfacer la demanda continua en la industria de la grabación.

Avantone en el audio dentro del estudio de grabación

Avantone Pro es una empresa de audio profesional que fabrica una variedad de equipos de grabación y monitoreo, incluidas las populares cornetas Avatone Mix Cube. Estas cornetas están diseñadas para replicar el sonido de los monitores de referencia de los años 50 y 60, como los Auratone, y se han convertido en una herramienta popular en estudios de grabación y mezcla de todo el mundo.

Las cornetas Avantone Mix Cube se caracterizan por su diseño compacto, su sonido mono y su capacidad para revelar imperfecciones en la mezcla que podrían pasar desapercibidas en monitores de alta fidelidad. Los ingenieros de sonido utilizan los Mix Cubes como una referencia secundaria para verificar la mezcla en un altavoz de baja fidelidad y garantizar que sea traducible en una variedad de sistemas de reproducción.

Las cornetas Avantone Mix Cube han sido utilizadas en una amplia gama de grabaciones exitosas y son apreciadas por su capacidad para proporcionar una perspectiva única sobre la mezcla. Gracias a su popularidad en la industria de la producción musical, los Mix Cubes se han convertido en una herramienta imprescindible para muchos ingenieros y productores de audio.

Professional Sound Projects
Pre
G. R.
Post
VU
PPM
VU
Left
VU
Right
Low
High
Knee
Drive
Adjust
Adjust
Speed
-4.800
Freq
Freq
Auto
Brick
RelMul
Ceiling
Wall
Mix
Output
Long
Off
Off
Single
Mono
Link Off
On
14.5ms
639smps.
Fat
Multi
Stereo
Link On
L
R
PSP VintageWarmer2

Historia PSP Audioware

Es una empresa creada en el año 2000 en Polonia por dos amigos que acaban de salir de la universidad ellos formaron la primera empresa de software profesional en ese lugar en el 2002 tuvieron un gran alcance en el audio profesional mediante la creación de PSP vintaje Walmar logrando una buena saturación con inspiración analógica ya que es un compresor multibanda considero muy buenas críticas muchos elogios de profesionales del audio y fue cuando consolidaron la empresa de softwares de audio profesional con los años se le agregaron a otras personas de Gran valor a la empresa. la primera vez que probé uno de sus productos fue hace unos años atrás recuerdo que tenía en mis manos una revista llamada future music en la cual traía un disco un CD con algunos vemos de softwares en ese disco hablemos de PSP audioware recuerdo que había un plugins llamado mix bass con este plugins voy a conseguir sonido de bajo analógico con mucha pegada tenía muy buena dinámica podía comprimir y controlar muy bien el sonido y el generador de armónicos de baja frecuencia era muy bueno porque conseguías un sonido con mucho carácter y muy limpio muy suave se podrían crear muy buenos sonidos también se incluía un medidor de picos y ecualizador métrico pero en particular este plugin mencionado mix bass me gustaba mucho porque no es real para colocarlo en instrumentos como el bombo de la batería o el instrumento bajo los tintes sonaron muy bien esta compañía se caracteriza por crear muy buenos procesos

dinámicos y de ecualización por eso tomé la iniciativa de crear una lista de algunos de sus plugins ya que los he probado pues son realmente muy buenos con ellos consigues un sonido análogo mezclado con el mundo digital saturación limpieza color tétrica todas estas paletas al alcance de tus manos.

Desde entonces, PSP audioware ha seguido ampliando su catálogo de plug ins, ofreciendo una amplia variedad de herramientas para la producción musical y la mezcla de audio. Su enfoque en la calidad del sonido y la facilidad de uso ha ganado la confianza de músicos, productores y ingenieros de audio de todo el mundo.

Además de sus plug ins de procesamiento de audio, PSP audioware también ha lanzado productos como emulaciones de amplificadores de guitarra y efectos de modulación. Su compromiso con la innovación y la excelencia técnica se ha mantenido a lo largo de los años, lo que les ha valido el reconocimiento en la industria del audio.

En la actualidad, PSP audioware continúa siendo una de las principales empresas de software de audio, ofreciendo soluciones creativas y efectivas para profesionales y entusiastas de la música. Su legado de calidad y fiabilidad les ha convertido en una opción de confianza para la comunidad musical.

En nuestra Academia studio240 tenemos una biblioteca online en la cual se consiguen videos tutoriales, guías y material en pdf referentes al audio profesional y la música donde incluimos algunos videos tutoriales referentes a psp audio ware.

Les recomiendo que visiten su página oficial descarguen sus demos y escuchen ustedes mismos cómo suenan de increíble los útiles que son estos plug ins dentro de su cadena ya sea de procesos máster como directamente en los instrumentos

a continuación, les describiré algunos de los plugins de PSP audio ware:

PSP InfiniStrip

InfiniStrip es un plugin versátil que ofrece una amplia gama de módulos para procesamiento de señales. Permite al usuario crear hasta nueve módulos en el rack y organizarlos en cualquier orden, con la señal fluyendo de izquierda a derecha. Además de emulaciones de preamplificadores, compresores, ecualizadores y otros, incluye módulos dinámicos y especiales como de-esser y eliminador de zumbidos.

Este plug in es compatible con funcionamiento mono y estéreo en diferentes formatos. Con una protección a través de cuenta iLok, InfiniStrip ofrece un sonido analógico característico y una fácil usabilidad. A pesar de su precio aparentemente alto, proporciona un conjunto completo de herramientas de alta calidad que podrían cubrir todas las necesidades de dinámica y ecualización, convirtiéndolo en una excelente inversión.

PSP Master Q

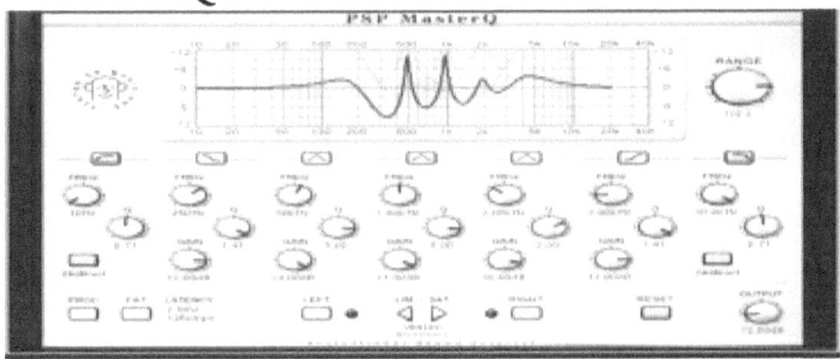

Master Q es un ecualizador con siete filtros, incluyendo opciones de corte bajo y alto a 12 o 24 dB/octava para eliminar frecuencias no deseadas en el espectro de audio. Ofrece filtros adicionales para calentar o enfriar el sonido y tres filtros de pico superpuestos. Todos los filtros son paramétricos, lo que permite ajustar la frecuencia y la anchura Q en un amplio rango, brindando versatilidad. Con valores altos de Q, este ecualizador crea efectos como jorobas en frecuencias específicas y picos resonantes en cortes, permitiendo un control preciso del sonido.

PSP   NobleQ

El PSP NobleQ está claramente inspirado en ecualizadores pasivos de hardware como el Pultec EQ1PA, pero añade características únicas. Aunque no es una copia exacta de un modelo específico, ofrece las funcionalidades esperadas de un ecualizador pasivo y amplía el rango de ajuste de frecuencia.

Además, incluye un filtro de paso alto ajustable y la opción de modificar los filtros de pico alto y estantes para realzar o atenuar frecuencias. El plug in duplica la frecuencia de muestreo para lograr una respuesta suave y precisa, e incorpora un simulador de amplificador de ganancia de válvula con saturación controlable. NobleQex es una extensión de NobleQ con funciones adicionales para un mayor control y versatilidad en la ecualización.

PSP MixPack2

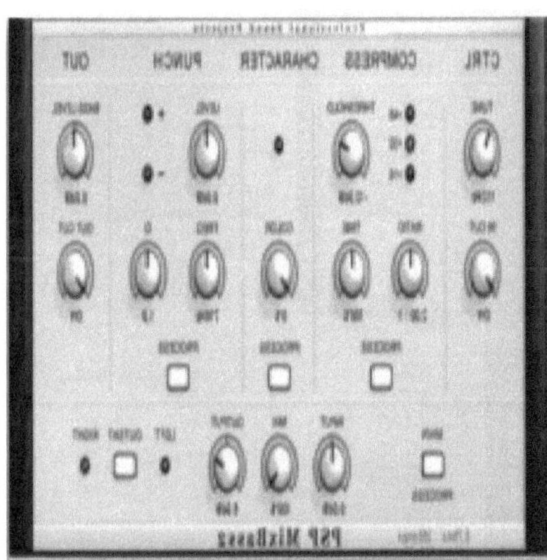

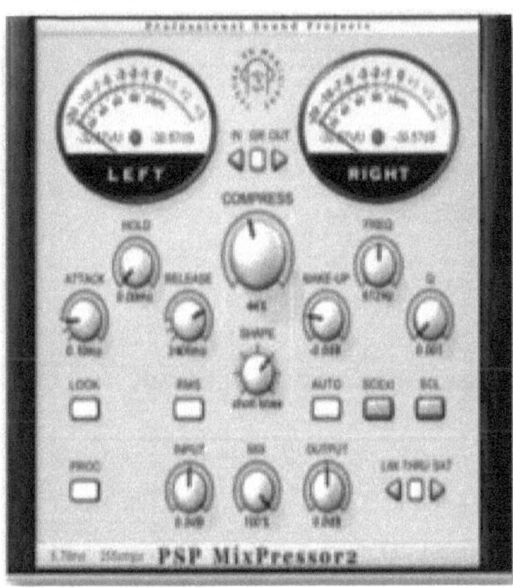

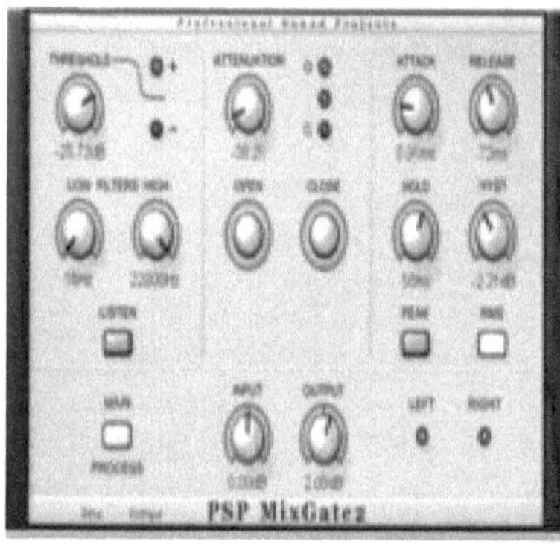

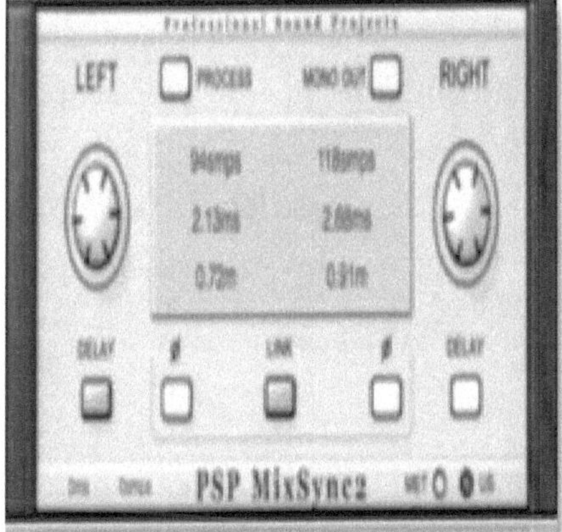

PSP MixPack2 es una colección de seis procesadores de audio de alta resolución y calidad diseñados para mejorar la calidad de pistas y mezclas de audio digital. A diferencia de estar modelados en procesadores analógicos específicos, se basan en el sonido y características de múltiples circuitos analógicos. Su objetivo es ayudar a mejorar la calidad de audio grabado digitalmente, eliminando la esterilidad y aspereza comunes en estas grabaciones. Aunque se llame MixPack2, la calidad de estos plug ins es suficientemente alta para ser utilizados en masterización o seguimiento en vivo, ofreciendo un sonido de alta calidad para diversas aplicaciones musicales.

PSP MixPack2 incluye:

- PSP MixBass2: una potente herramienta de control y mejora armónica de graves para agregar y controlar los graves a tus sonidos o mezclas.
- PSP MixTreble2: una herramienta de procesamiento de alta gama diseñada para dar forma al extremo superior de su mezcla y a los sonidos individuales.
- PSP MixPressor2: Un procesador de dinámica flexible y preciso para agregar un toque sutil o una compresión extrema.
- PSP MixSaturator2: una herramienta de saturación versátil con múltiples modos que van desde el "calor" analógico sutil hasta la saturación de cinta y la destrucción total de audio.
- PSP MixGate2: Una herramienta de puerta precisa para controlar señales en la mezcla.
- PSP MixSync2: una herramienta de alineación de tiempo de alta calidad útil para aplicaciones de posproducción o para alinear señales multipista en una sesión.

PSP ConsoleQ

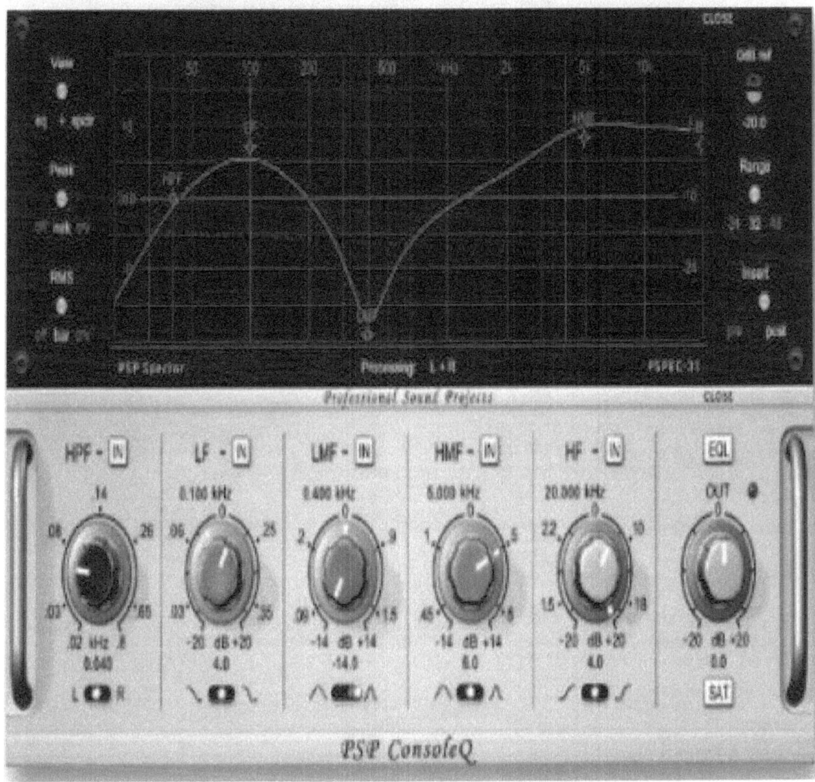

PSP ConsoleQ es un ecualizador de estilo consola británico que busca brindar una experiencia de ecualización analógica tanto en sonido como en operatividad. Ideal para corregir, moldear el audio o resaltar pistas en una mezcla, sin importar la fuente, gracias a un control de frecuencia suave en todas las bandas. Para una mayor precisión, la interfaz de usuario cuenta con pantallas de valores numéricos que permiten configuraciones precisas.

PSP Flare

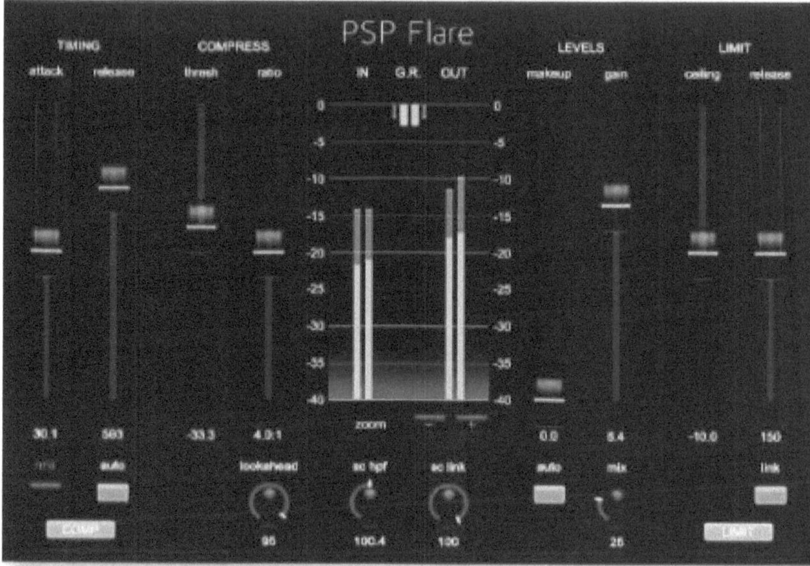

PSP Flare (anteriormente PSP Flow) es un compresor psicoacústico que ofrece una excepcional consistencia de volumen sin los efectos secundarios audibles típicos de la compresión intensa. Desarrollado con la experiencia del ingeniero de posproducción Paolo Pasquariello.

PSP Flare utiliza un enfoque psicoacústico inspirado en técnicas avanzadas de posproducción. Su objetivo es mantener de manera sutil la consistencia del nivel de pistas para asegurar que el audio siga siendo dinámico de forma natural, sin los efectos perceptibles de la compresión. Aunque está diseñado para la posproducción de películas, TV y video, su comportamiento único puede ofrecer excelentes resultados en diversas aplicaciones, siendo especialmente útil para nivelar elementos en una mezcla densa.

PSP VintageWarmer2

PSP VintageWarmer2 es una simulación digital de alta calidad de un compresor/limitador analógico, tanto monobanda como multibanda. Este plugin combina un procesamiento analógico cálido y rico con una interfaz de usuario sencilla y una amplia selección de ajustes preestablecidos. Es altamente flexible y puede utilizarse para compresión suave o limitación más agresiva, lo que lo convierte en una herramienta esencial para ingenieros de mezcla y masterización. Se ha prestado especial atención a las características de sobrecarga, generando efectos de saturación similares a las grabadoras de cinta analógicas. Además, incorpora medición profesional de VU y PPM junto con indicadores de sobrecarga precisos para garantizar resultados de calidad profesional.

VintageWarmer2 Es uno de mis favoritos, siempre lo tengo instalado en el master de mi DAW (DAW abreviatura de secuenciador de audio para Mac Apple Y Windows)

Bienvenidos

Somos un centro de formación profesional de
apasionados por la música, la producción y la ingeniería de sonido.

Podrás estudiar profesionalmente estas
carreras relacionadas con la industria
musical, tanto en el área de la ejecución
artística como en la producción.

Ingeniería de Sonido   Producción Musical   Ejecución Instrumental / Canto   Composición

Consolas de sonido analógicas

Las consolas de sonido análogo son dispositivos electrónicos utilizados en el ámbito de la producción musical y el sonido en vivo. Estas consolas están diseñadas para mezclar y enrutar señales de audio de diferentes fuentes, como micrófonos, instrumentos y dispositivos de reproducción de audio.

A diferencia de las consolas digitales, las consolas de sonido análogo operan con circuitos electrónicos y componentes físicos para procesar las señales de audio. Estas consolas suelen tener controles físicos, como potenciómetros y faders, que permiten ajustar y modificar el sonido en tiempo real.

El sonido análogo se caracteriza por tener una calidad cálida y orgánica, ya que no pasa por procesos de conversión digital que puedan afectar su textura. Las consolas análogas son apreciadas por muchos ingenieros de sonido y músicos por su capacidad para esculpir el sonido de manera intuitiva y creativa.

Un poco de historia nombrando algunas creaciones pioneras

Un hombre llamado Rupert Neve fue un diseñador muy importante e influyente en la historia de los estudios de grabación. Fundó su empresa en 1961 y fue pionero en el uso de la electrónica de estado sólido en sus diseños. Creó la primera consola totalmente a transistores en los años 60, y también desarrolló módulos icónicos como el preamplificador/ecualizador 1073 y 1084. Las consolas Neve se convirtieron en las favoritas de estudios de grabación y emisoras alrededor del mundo. Neve falleció a los 94 años en Texas, pero su legado perdurará en la industria de la música. Neve Electronics en 1975, la empresa empleaba a más de 500 personas.

Rupert Neve, luego de su trabajo como consultor, fundó en los años 80 Focusrite para lanzar sus últimos diseños al mercado. Las consolas Focusrite eran reconocidas por ser de los mezcladores analógicos más avanzados producidos hasta la fecha. A pesar de la alta calidad, su elevado costo limitó la fabricación a solo ocho unidades. Hoy en día, los módulos de estas consolas son muy codiciados y los diseños de Neve para ambas empresas siguen siendo producidos. En 1985, Rupert Neve comenzó a trabajar en la mejora de los módulos de entrada para la consola original de George Martin en los estudios Air en Montserrat, creando el preamplificador/ecualizador ISA110 y más tarde el módulo de dinámica ISA130.

Este trabajo lo llevó a diseñar la consola completa Forte, basada en estos módulos, que fue lanzada en 1988. A pesar de ser la consola con más especificaciones producida hasta entonces, solo se fabricaron dos unidades (una para Electric Lady en Nueva York y otra para Master Rock en Londres), lo que resultó en problemas financieros que llevaron a la quiebra de Focusrite.

Luego, Neve jugó un papel decisivo en el éxito de Amek Systems , donde sus diseños de consolas ofrecían una calidad sin precedentes por el costo, y también trabajó con Taylor Guitars antes de diseñar una línea de micrófonos premium para sE Electronics en 2011. Él y Evelyn se mudaron a Texas en 1994 y en 2005 estableció Rupert Neve Designs , donde continuó desarrollando productos innovadores y transmitiendo sus más de 70 años de experiencia acumulada.

Algunos de los modelos más famosos de consolas de mezcla diseñados por Rupert Neve incluyen:

Neve 8078: Lanzada en la década de 1970, esta consola de mezcla analógica se volvió muy popular en la industria musical debido a su calidad de sonido y diseño robusto.

Neve 88R: Esta consola de mezcla moderna combina la tecnología digital con la calidez y claridad de los circuitos analógicos de Neve. Es utilizada en estudios de grabación de todo el mundo.

Neve Genesys: Una consola híbrida que combina características analógicas y digitales, diseñada para adaptarse a las necesidades de los estudios de grabación modernos.

La Focusrite fue muy bien recibida por los ingenieros de sonido y músicos profesionales por su calidad de sonido y versatilidad en un formato muy grande. Aunque ya no se fabrica, la Focusrite sigue siendo una consola de sonido codiciada por muchos en la industria de la música, tanto así que se han creados previos, ecualizados y canales de grabación de la misma compañía para mantener la calidad y calidez de su sonido muy famoso.

Solid State Logic fue fundada por Colin Sanders en 1969 como la primera empresa en fabricar sistemas de control de estado sólido para órganos. Sanders acuñó el nombre de la empresa haciendo referencia a la tecnología de transistores FET. Además, fundó los Acorn Studios en Oxfordshire, donde diseñó sus propias mesas de mezclas. Construyó dos prototipos de mesas de mezclas con control de computadora, que marcó el inicio de la serie de consolas de grabación de gran formato que consolidó a SSL como fabricante de renombre en la industria.

Solid State Logic

En 1976, SSL combinó el diseño de la consola de mezclas SL 4000 con una computadora para ofrecer automatización de atenuadores y funciones de ubicación automática de transporte de cinta programable, creando así la serie SL 4000 B. Se fabricaron un total de seis mesas que fueron instaladas en varios estudios de renombre como Abbey Road Studio en Londres, Le Studio en Canadá, Townhouse Studios en Londres y Tocano Studio en Copenhague.

La serie SL 4000 E, lanzada en 1979, presentaba mejoras respecto a la serie B, incluyendo un nuevo ecualizador de 4 bandas desarrollado con George Martin. Introdujo la capacidad de guardar y recuperar la configuración del mezclador y fue la primera en incluir un compresor/compuerta en cada canal, así como en el bus principal. En 1987, SSL presentó la serie SL 4000 G en la convención AES en Nueva York, con un EQ rediseñado y otras mejoras. Estas consolas, junto con sus sucesores y variantes, se destacaron por la capacidad de guardar configuraciones y tener compresores y puertas en cada canal, lo que las hizo populares en estudios como Power Station, Sarm Studios y con ingenieros de sonido reconocidos como Bob Clearmountain y Steve Lillywhite. También se lanzaron versiones en diferentes series como la 5000, 6000 y 8000, adaptadas para las necesidades de diferentes mercados. La serie SL 9000 introdujo el diseño Super Analogue para lograr alta fidelidad y baja distorsión.

SSL4000E

Durante los años 90, SSL desarrolló productos para la industria cinematográfica y de posproducción, lanzando las mesas de mezclas digitales de la Serie A. En los años 2000, la empresa presentó las consolas de la Serie C, diseñadas para cumplir con las demandas del mercado de producción de transmisiones.

En 2003, SSL lanzó procesadores de señal externos que ofrecían un procesamiento similar al de sus mesas de mezclas de gran formato. La familia de productos XLogic incluía el Logic Channel, el primer canal independiente de la empresa. En 2005, se introdujeron más procesadores, como el canal de la serie E y el compresor de la serie G, que utilizaban el diseño del compresor clásico de la serie G en una configuración SuperAnalogue. El X-Rack ofreció una solución modular para el procesamiento de señales externas.

A finales de 2004, SSL lanzó la AWS 900, una consola analógica integrada con controlador DAW, seguido por su sucesor, el AWS 900+, en 2007. SSL reportó que más de 300 estudios utilizaban la AWS 900. Posteriormente, SSL presentó las AWS 916, 924 y 948 con soporte para el complemento de control delta de SSL.

AWS 900

En 2006, SSL presentó la plataforma Duende DSP para emular las funciones de las bandas de canal SSL, como filtros, EQ de las series E y G de SSL, y procesamiento dinámico. También incluyó el compresor estéreo de bus SSL. Basado en la tecnología digital de las consolas de la serie C de SSL, Duende fue creado para usuarios de grabación doméstica, integrándose en entornos DAW a través de conexión FireWire o tarjeta PCI-e, donde los canales de procesamiento digital aparecían como complementos VST o Audio Units. El 25 de abril de 2007, SSL anunció otro complemento para Duende llamado Drumstrip, que contenía puerta de ruido, moldeador transitorio, realces de frecuencias altas y bajas, y un compresor de micrófono de escucha.

A finales de 2006, SSL lanzó Duality, una consola de gran formato que combinaba la funcionalidad de la mesa de mezclas XL 9000K con las características de la superficie de control de la AWS 900. Duality presentaba controles de enrutamiento de señal actualizados, accesibles desde la sección central de la consola en lugar de en cada canal. Los canales de la consola incluían ecualización de las series E y G, seleccionable mediante un solo botón por canal. También contaba con 'Variable Harmonic Drive' (VHD), preamplificadores de línea/ micrófono que podían utilizarse como preamplificadores estándar de baja distorsión o en un modo que introducía distorsión armónica.

Duality

ORIGIN es una consola de mezclas de estudio SSL que combina el flujo de trabajo tradicional analógico con la integración perfecta en estudios de producción modernos basados en DAW. Inspirada en las consolas en línea clásicas, incorpora tecnología analógica avanzada para ofrecer un sonido característico de SSL. ORIGIN representa más de 40 años de innovación técnica y está diseñada para proporcionar inmediatez y ergonomía en un entorno de estudio moderno. Tanto en su versión de 32 como de 16 canales, ORIGIN ofrece herramientas excepcionales para gestionar flujos de trabajo complejos y maximizar la eficiencia en la producción musical actual.

Consolas digitales

Las consolas de sonido digitales son dispositivos electrónicos utilizados en la producción musical y el sonido en vivo que operan mediante procesamiento de señales digitales. Estas consolas utilizan convertidores analógico-digitales (ADC) y digitales-analógicos (DAC) para transformar las señales de audio en datos digitales y viceversa. Las consolas de sonido digitales son herramientas poderosas y sofisticadas que han revolucionado la producción musical y la ingeniería de sonido, brindando una amplia gama de posibilidades creativas y una mayor eficiencia en el manejo del audio.

En las consolas de sonido digitales encuentras los siguientes protocolos de audio profesional, normalmente los consigues en consolas modernas los cuales son los siguientes protocolos:

El protocolo Dante es un estándar de red de audio sobre IP que permite la transmisión de múltiples canales de audio de alta calidad de forma digital a través de una red Ethernet. Fue desarrollado por la empresa Audinate y se utiliza para simplificar y optimizar la conexión de dispositivos de audio en instalaciones profesionales, como estudios de grabación, escenarios en vivo y sistemas de sonorización.

Una interfaz Dante en las consolas digitales permite la integración de audio sobre IP utilizando el protocolo de red Dante. Esto facilita la conexión, distribución y enrutamiento de múltiples canales de audio de alta calidad a través de una red Ethernet, lo que proporciona una mayor flexibilidad y escalabilidad en entornos de audio profesional. Al incorporar una interfaz Dante en una consola digital, es posible enviar y recibir audio digital de forma eficiente, simplificando la configuración de sistemas de audio complejos.

Una interfaz ADAT en las consolas digitales permite la conexión de dispositivos que utilizan el formato ADAT (Audio Digital de Alta Velocidad) para la transmisión de audio digital a través de fibra óptica. Esto permite expandir las capacidades de entrada y salida de audio de la consola digital al conectar otros dispositivos compatibles con el formato ADAT, como interfaces de audio, preamplificadores o unidades de efectos.

Una interfaz Waves en consolas digitales se refiere a la capacidad de integrar los plug ins de procesamiento de audio de la compañía Waves en el entorno de una consola digital. Estas interfaces permiten utilizar los plug ins de Waves para procesar el audio de forma digital dentro de la consola, brindando una amplia gama de efectos y herramientas de mezcla de alta calidad para mejorar la calidad del sonido en tiempo real. La integración de interfaces Waves en consolas digitales suele ofrecer un flujo de trabajo más flexible y versátil para ingenieros de sonido y productores musicales.

Las cajas de escenarios mejor conocidas como **Stagebox** contienen una fuente de alimentación integrada, por lo que son completamente autónomos y se colocan cómodamente en el escenario. Algunas incluyen entradas xlr y salidas xlr, interface Madi, Aes, CobraNet, dante, usb, hoy en día muchos Stagebox son compatibles entre las diferentes marcas de consolas de sonido y también se pueden instalar varias consolas de un mismo Stagebox oh conectar varios colocándolos en cadenas de conexion, logrando así una mejor integración entre diferentes marcas, varían los modelos en sus tamaños y prestaciones.

El uso de tablets en consolas de audio digitales permite controlar de forma remota y conveniente los parámetros y funciones de la consola a través de una aplicación específica. Al conectar la tablet a la consola digital mediante una conexión inalámbrica como Wi-Fi, los usuarios pueden acceder a todas las funcionalidades de la consola, como ajustar niveles de volumen, ecualización, efectos, panorámicas y otras configuraciones desde la comodidad de la tablet.

Además, las tablets suelen ofrecer una interfaz gráfica intuitiva y táctil que facilita la operación de la consola, especialmente en entornos de sonido en vivo donde es necesario movilidad y acceso rápido a los controles. Esta integración permite un control más flexible y práctico de la consola de audio digital, lo que resulta en una experiencia de mezcla más eficiente y cómoda para los usuarios.

Las consolas digitales que incluyen interfaces de audio para grabar multitrack son comunes en el mercado. Algunas opciones populares son la Behringer X32, Allen & Heath SQ-5, PreSonus StudioLive Series III, y la Yamaha TF Series, entre otras. Estas consolas digitales te permiten grabar múltiples pistas de manera simultánea y suelen ser una buena opción para producir y mezclar música.

Muchas consolas digitales de audio vienen con la capacidad de controlar de forma remota Digital Audio Workstations (DAWs). Esto permite controlar funciones como grabación, reproducción, selección de pistas, ajuste de niveles, entre otros directamente desde la consola. Algunas consolas populares con esta función son la Behringer X32, PreSonus StudioLive Series III, Allen & Heath SQ-5, Yamaha TF Series y algunas de gama más alta como la Avid S6 y la SSL AWS.

Es muy importante aprender algunas de las funciones de las consolas por esta razón se muestran algunos de sus parámetros a la hora de operar las consolas tanto analógicas como digitales para garantizar una mezcla precisa y de alta calidad.

Los VCA (Voltage Controlled Amplifier) en una consola de sonido son amplificadores controlados por voltaje que se utilizan para ajustar el nivel de señal de audio de manera electrónica. Permiten controlar la amplitud de la señal de audio de forma precisa y suave, facilitando la mezcla y la manipulación de sonido en una consola de audio. Los VCA son comúnmente utilizados en compresores, expansores y en sistemas de automatización de mezcla.

Los grupos de mute en una consola de sonido son conjuntos de canales que se pueden silenciar simultáneamente con un solo botón. Se utilizan para apagar el sonido de varios canales al mismo tiempo, por ejemplo, para silenciar todas las voces de un coro o para silenciar los micrófonos de la batería en una presentación en vivo. Esto facilita el control y la operación de la consola, permitiendo silenciar o habilitar rápidamente varios canales a la vez.

Un matrix en una consola de sonido es una sección que permite enrutar diferentes fuentes de señal de audio a salidas específicas de manera flexible y personalizada. Se utiliza para mezclar y distribuir múltiples señales de audio a diversas zonas o destinos, como parlantes de sala principal, monitores de escenario, grabadoras, sistemas de transmisión, entre otros. El matrix brinda versatilidad y control en la distribución de audio en espacios complejos o en situaciones donde se requiere direccionar señales de forma específica a diferentes destinos.

Es importante seguir las especificaciones del fabricante de la consola de sonido para configurar correctamente el matrix, ya que las funciones y pasos pueden variar de un modelo a otro.

Los envíos auxiliares en una consola de sonido son salidas adicionales que permiten enviar una copia de la señal de audio de un canal a otros dispositivos externos, como procesadores de efectos, monitores de escenario, grabadoras o dispositivos de grabación. Estos envíos son útiles para enviar señales de manera selectiva a diferentes destinos sin afectar la señal principal del canal, lo que proporciona mayor flexibilidad en la mezcla y procesamiento de audio. Los envíos auxiliares suelen tener controles independientes para ajustar el nivel de señal que se envía a cada dispositivo externo.

Las funciones Solo y PFL (Pre-Fader Listen) en una consola de sonido se utilizan para escuchar de manera individual y aislada un canal específico antes de que la señal sea enviada a la mezcla principal.

Solo Al activar la función Solo en un canal, se aísla ese canal y se silencian temporalmente los demás canales, permitiendo escuchar únicamente la señal de ese canal en los monitores de escucha. Esto sirve para enfocarse en un canal en particular y verificar su calidad sin distracciones.

Los faders de grupo en una consola de sonido son controles deslizantes que permiten ajustar el nivel de señal de varios canales agrupados simultáneamente. Se utilizan para controlar y mezclar de manera sencilla varios canales de audio al mismo tiempo, facilitando la manipulación de la señal en conjunto.

Los faders de grupo son útiles para varias funciones, como:

1. Control del volumen Permiten subir o bajar el nivel de señal de varios canales al mismo tiempo para mantener un equilibrio en la mezcla.

2. Control de paneo Algunos faders de grupo también permiten ajustar la panoramización de los canales agrupados, distribuyendo la señal entre los altavoces izquierdo y derecho.

3. Muting Puedes silenciar varios canales al mismo tiempo con un solo movimiento del fader de grupo, útil para realizar cambios rápidos en la señal.

En resumen, los faders de grupo son una herramienta práctica en una consola de sonido para simplificar y agilizar la mezcla de múltiples canales de audio de forma colectiva.

En una consola de sonido, **las escenas** son memorias preestablecidas que almacenan y recuerdan la configuración de la consola en un momento específico. Una vez que has ajustado los niveles de volumen, ecualización, panorámicas, efectos y otras configuraciones de los canales de audio según tus necesidades, puedes guardar esa configuración como una escena para poder recuperarla rápidamente en el futuro.

Las escenas son útiles en situaciones donde necesitas trabajar con diferentes configuraciones de mezcla para distintas partes de un evento, canción o presentación, permitiéndote cambiar entre ellas de forma rápida y eficiente. Por ejemplo, puedes tener una escena para el ensayo de sonido, otra para la presentación principal y otra para un artista invitado, y cambiar entre ellas con solo unos cuantos clics. Esto facilita la gestión de cambios en la mezcla y garantiza una transición suave entre distintas configuraciones de audio.

La automatización en una consola de sonido es una herramienta que permite programar y controlar de forma precisa los cambios de parámetros de audio a lo largo del tiempo sin la intervención manual del operador. Esta característica es especialmente útil en entornos de grabación y mezcla donde se requiere un alto grado de precisión y consistencia en la manipulación de los niveles de señal, efectos, panorámicas, ecualización, entre otros aspectos.

La automatización en una consola de sonido puede grabar y reproducir los ajustes realizados durante una mezcla, permitiendo que estos cambios se reproduzcan de manera idéntica en cada reproducción. Esto es fundamental para lograr una mezcla coherente y detallada, así como para ahorrar tiempo y esfuerzo en la realización de ajustes manuales repetitivos.

Los faders motorizados en una consola de sonido son controles deslizantes que, a diferencia de los faders tradicionales, tienen la capacidad de moverse automáticamente en respuesta a los cambios de configuración o ajustes preestablecidos en la consola. Estos faders cuentan con motores integrados que les permiten desplazarse de forma precisa y automática a posiciones específicas, lo que facilita la memoria y recuperación de configuraciones preestablecidas.

La principal ventaja de los faders motorizados es que permiten una automatización avanzada en la mezcla de audio. Almacenando configuraciones en una memoria, los faders motorizados pueden recordar y ajustarse automáticamente a las posiciones guardadas, lo que agiliza el proceso de mezcla y facilita la reproducción de ajustes precisos en diferentes momentos.

Un "sound check virtual" en una consola de sonido es una función que simula un proceso de prueba de sonido (sound check) de forma virtual, es decir, sin la necesidad de que haya músicos, instrumentos o equipo de audio real presente. Esta característica permite al operador de sonido ajustar y verificar la configuración de la consola de sonido antes de un evento en vivo o una grabación, utilizando señales de prueba pregrabadas o generadas internamente en la consola.

Durante el "sound check virtual", el operador puede ajustar los niveles de los canales, configurar la ecualización, aplicar efectos y realizar otras configuraciones necesarias para garantizar que el sistema de sonido esté listo para su uso en situaciones reales. Esta función es útil para verificar el funcionamiento de la consola, probar la calidad del sonido y ajustar la mezcla antes de la llegada del evento en vivo.

Para llevar a cabo una grabación multitrack en una consola de sonido con dos opciones de almacenamiento diferentes (tarjeta SD y computadora a través de una interfaz hacia un DAW), puedes seguir estos pasos generales:

1.Conexión de la Interfaz de Audio

- Conecta la interfaz de audio a la consola de sonido según las especificaciones del fabricante y asegúrate de que esté configurada correctamente para la grabación multitrack.

2.Configuración de la Consola

- En la consola, selecciona las pistas que deseas grabar y asigna las salidas de estas pistas a los canales de la interfaz de audio.

- Asegúrate de configurar las rutas de señal correctas y ajustar los niveles de señal adecuados.

3.Grabación en Tarjeta SD

- Activar la función de grabación multitrack en la consola y selecciona la opción de grabar en la tarjeta SD.

- Configura las pistas que se grabarán en la tarjeta SD y asegúrate de asignar correctamente los canales de entrada/salida.

4.Grabación en el DAW a través de la Interfaz

- Inicia tu DAW en la computadora y asegúrate de que esté configurado para recibir las señales de audio de la interfaz.

- Configura las pistas en el DAW para recibir las señales de las pistas correspondientes de la consola de sonido a través de la interfaz de audio.

- Inicia la grabación en el DAW y realiza pruebas para verificar que todas las señales se estén grabando correctamente.

5.Monitoreo y Ajustes

- Durante la grabación, monitorea las señales de audio para asegurarte de que no haya distorsiones ni problemas de niveles.

- Realiza ajustes según sea necesario en la consola y en el DAW para obtener la mejor calidad de grabación.

Al seguir estos pasos y ajustar las configuraciones de la consola, interfaz y DAW según tus necesidades específicas, podrás realizar una grabación multitrack exitosa con las dos opciones de almacenamiento en tarjeta SD y en la computadora a través de la interfaz.

Las consolas digitales ofrecen una serie de características que proporcionan una amplia gama de opciones para el procesamiento de audio. Algunas de estas características son:

1. Efectos Digitales: Las consolas digitales suelen incorporar una variedad de efectos digitales como reverberación, chorus, delay, entre otros, que pueden aplicarse a los canales de audio para modificar el sonido de forma creativa. Estos efectos son procesados digitalmente y pueden ser ajustados y guardados como presets para un uso posterior.

2. Ecualizadores Paramétricos: Todos los canales cuentan con ecualizadores. Los ecualizadores paramétricos permiten ajustar con precisión las frecuencias de audio, ganancia y ancho de banda de cada banda de frecuencia. Esto brinda mayor control sobre el tono y la calidad del sonido, permitiendo corregir problemas acústicos o realzar ciertas características de forma selectiva.

3. Compresores y Limitadores: las consolas digitales cuentan con estos procesos dinámicos en todos sus canales de entrada. Los compresores reducen la dinámica del sonido al atenuar las señales más fuertes, mientras que los limitadores evitan que la señal exceda cierto umbral, ayudando a mantener un nivel de volumen constante y controlado.

4. Ruteo Flexible: Las consolas digitales permiten un ruteo flexible de las señales de audio, lo que significa que los usuarios pueden enviar las señales a diferentes destinos de forma personalizada. Esto facilita la

creación de mezclas complejas, la integración con otros equipos y la automatización de tareas de enrutamiento para adaptarse a diferentes situaciones de producción.

Estas características junto con otras como grabación multicanal, control remoto mediante aplicaciones móviles, integración de plug ins y una interfaz de usuario avanzada hacen de las consolas digitales herramientas versátiles y potentes para la mezcla y procesamiento de audio en entornos profesionales y de producción de audio.

Las diferencias principales entre una consola de sonido analógica y una consola de sonido digital son las siguientes:

1. Procesamiento de la señal:

- Analógica: En una consola analógica, la señal de audio se maneja a través de componentes electrónicos y circuitos analógicos, lo que puede darle un carácter sonoro único y cálido. Los ajustes de volumen, ecualización y efectos se hacen de manera física mediante potenciómetros y botones.

- Digital: En una consola digital, la señal de audio se convierte a formato digital y se procesa mediante algoritmos digitales. Esto proporciona mayor flexibilidad en el procesamiento del sonido, permitiendo almacenar ajustes, emplear efectos digitales sofisticados y realizar mezclas más complejas.

2. Flexibilidad y Almacenamiento:

- Analógica: Las consolas analógicas suelen ser más limitadas en cuanto a almacenamiento de ajustes y presets, y suelen requerir hardware y periféricos adicionales para expandir su funcionalidad.

- Digital: Las consolas digitales ofrecen una mayor flexibilidad, permitiendo almacenar presets, escenas y ajustes personalizados, que pueden ser recuperados rápidamente. Además, suelen integrar efectos digitales, grabación multicanal y otras funciones avanzadas de manera nativa.

3. Precio y Mantenimiento:

- Analógica: Tradicionalmente, las consolas analógicas eran más económicas en comparación con las digitales. Requieren un mantenimiento más especializado debido a la presencia de componentes físicos que pueden desgastarse con el tiempo.

- Digital: Las consolas digitales suelen ser más costosas debido a su tecnología avanzada y funcionalidades integradas. Sin embargo, suelen requerir menos mantenimiento físico y ofrecen actualizaciones de software que pueden mejorar su desempeño con el tiempo.

Consolas digitales en formato rack
Soundcraft u24r

El Soundcraft Ui24R es un sistema de mezcla digital y grabación multipista completo, montable en rack, que ofrece E/S flexibles, calidad de sonido impecable, control inalámbrico intuitivo y confiabilidad para circular,

Todo en un diseño optimizado. El sistema puede funcionar también como un cajetín de escenario y puede ser controlado por hasta 10 dispositivos a través de Ethernet o Wi-Fi de doble banda integrado, lo que permite controlar la mezcla y la grabación multipista de forma inalámbrica desde cualquier lugar del recinto. Con el reconocido procesamiento de señal HARMAN, preamplificadores diseñados por Studer y mucho más, desde el estudio hasta el escenario, el Soundcraft Ui24R es el sistema definitivo para artistas, recintos e ingenieros que necesitan ahorrar espacio y ofrecer un sonido superior.

Soundcraft u24r

Características:

- Calidad y rendimiento reconocidos por Soundcraft
- El Wi-Fi de doble banda incorporado elimina la necesidad de un enrutador y proporciona una conexión confiable a hasta 10 dispositivos móviles en situaciones de misión crítica.
- Controle Ui24R desde navegadores iOS, Android, Windows,

Mac OS y Linux sin instalar aplicaciones adicionales
- Graba y mezcla con la calidez de 20 preamplificadores de calidad profesional diseñados por Studer
- Compresión dbx y procesamiento de reverberación y retardo icónico de Lexicon
- 2 canales de modelado de amplificador de guitarra DigiTech
- Grabación multipista redundante de ruta dual de las 24 entradas a la unidad USB y al Mac/PC conectado
- 24 entradas simultáneas (10 combo ¼" TRS/XLR, 10 XLR, 2 de nivel de línea, 2 digitales)
- Ecualizador paramétrico de 4 bandas, filtro de paso alto, compresor, de-esser y puerta de ruido en los canales de entrada
- Ecualizador gráfico de 31 bandas, compuerta de ruido, compresor y supresión automática de retroalimentación dbx® AFS2 en todas las salidas
- Analizador de frecuencia en tiempo real (RTA) en entradas y salidas
- Compatible con DAW de Mac/PC y otro software de música
- Compatible con la aplicación y el sistema Harman Connected PA para una configuración y un control más sencillos
- Diseño de montaje en rack 4U

Behringer X AIR XR18

Mezclador digital de 18 canales y 12 buses para tabletas iPad/Android con 16 preamplificadores Midas programables, módulo WiFi integrado e interfaz de audio USB multicanal

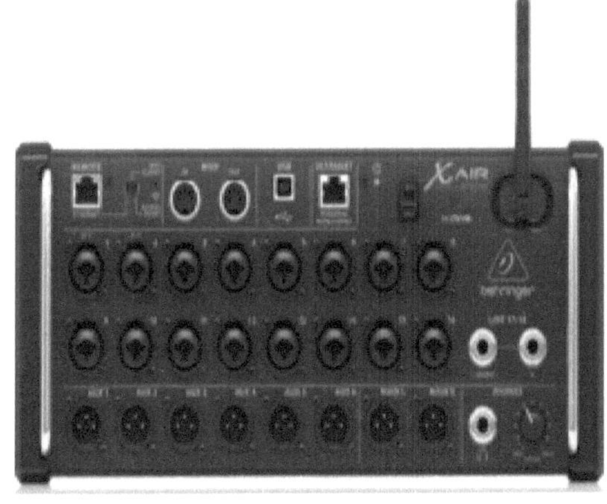

Behringer X AIR XR18

Características del producto

- Mezclador digital de 18 entradas controlado por tableta iPad/Android para estudio y aplicaciones en vivo
- 16 preamplificadores de micrófono totalmente programables, diseñados por Midas y galardonados para una calidad de sonido audiófila
- Enrutador WiFi trimodo integrado para operación directa, sin necesidad de enrutadores externos
- Interfaz USB bidireccional de 18 x 18 canales para grabación directa en iPad, etc.
- La revolucionaria mezcla automática estilo Dugan administra automáticamente la distribución de la ganancia del micrófono
- Rack de efectos X32 galardonado con 4 ranuras de efectos estéreo que incluyen simulaciones de alta gama como Lexicon

480L y PCM70, EMT250 y Quantec QRS, etc.

- Analizador en tiempo real (RTA) de 100 bandas para todos los ecualizadores de canal y bus
- Conectividad ULTRANET para el sistema de monitorización personal P-16 de Behringer
- Orejas de rack y parachoques de protección incluidos para aplicaciones flexibles en rack y escenario
- 6 buses LR principales y auxiliares con inserciones, procesamiento de dinámica completo y ecualizador paramétrico de 6 bandas o gráfico de 31 bandas
- 6 salidas auxiliares XLR y 2 salidas principales XLR más conector de auriculares
- El DSP de punto flotante de 40 bits ofrece un rango dinámico "ilimitado" sin sobrecarga interna y una latencia general cercana a cero
- Aplicaciones gratuitas para iOS, Android y PC/Mac/Linux disponibles para operación remota a través de Ethernet, LAN o WiFi
- MIDI In/Out permite controlar el mezclador a través de un equipo MIDI (incl. protocolo Mackie Control) o para su uso como interfaz MIDI USB (firmware futuro)
- Futuras actualizaciones de firmware, incluidos nuevos complementos de efectos, que se pueden descargar de forma gratuita desde su[1] web oficial.
- Fuente de alimentación conmutada interna para un audio sin ruidos y un bajo consumo de energía

---

1. http://behringer.com/

Hallen&heath

Diseñado para la vida en el escenario, CQ-20B es el mezclador con mayor cantidad de canales de la gama y se controla a través de la aplicación gratuita CQ MixPad.

Características
Entradas

- 8 XLR
- Combinación de 8 XLR/TRS
- 4 TRS (estéreo)

Salidas

- 2 XLR (Principal)
- 6 XLR (Monitores)
- Salida Alt asignable

Interfaz USB-B 24x24 (48/96 kHz)
Grabación/reproducción SD

- 24 × 24 (48 kHz)
- 16x16 (96 kHz)

Grabación/reproducción USB estéreo con canal de entrada dedicado
Reproducción estéreo Bluetooth con canal de entrada dedicado
4 motores FX
Conexión de pedal doble
Salida de auriculares TRS asignable
Wi-Fi AC de banda dual 2.4G/5G incorporado con selección automática de canal

CQ-20B

En esta imagen se puede apreciar un emulador de un procesador dinámico óptico siendo utilizado dentro de una consola digital Yamaha CL5, calidad de estudio de grabación en pleno sonido en vivo

En resumen, las consolas analógicas ofrecen un carácter sonoro distintivo y pueden ser más accesibles en términos de precio inicial, mientras que las consolas digitales proporcionan mayor flexibilidad, funcionalidades avanzadas y facilidad de uso en entornos modernos de producción de audio, también puedes disponer internamente dentro de una consola digital moderna tus plug ins favoritos. La elección entre una u otra dependerá de las necesidades específicas de cada usuario y del tipo de aplicación en la que se utilizará.

■ Opt-2A

Opt-2A es un procesador que emula un popular modelo de época de compresores de válvulas ópticos. Para controlar el nivel, utiliza componentes ópticos como una célula CdS y un panel EL para aplicar una compresión suave con hermosos armónicos de alto rango generados por la distorsión de sonido cálido que producen las válvulas, lo que da como resultado un sonido elegante y sofisticado.

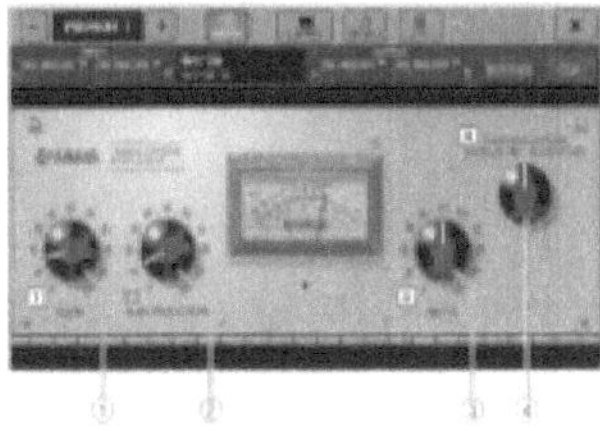

1. **Mando GAIN (ganancia)**
   Ajusta el nivel de salida.

2. **Mando PEAK REDUCTION (reducción de pico)**
   Ajusta la cantidad de compresión de la señal.

3. **Mando RATIO (proporción)**
   Ajusta la proporción de compresión.

4. **Mando METER SELECT (selección de contador)**
   Cambia la pantalla del contador.
   GAIN REDUCTION indica la cantidad de reducción de ganancia aplicada por el compresor.
   Con -18 dB como nivel de referencia de la señal de salida, los parámetros OUTPUT +10 y OUTPUT +4 respectivamente provocarán que el valor +10 dB o +4 dB de este nivel de referencia se muestre como "0VU" en el medidor.

Potencia tu evento con la mejor calidad de sonido

Joselo Torres ingeniero de sonido,
te ofrece alquiler de equipos profesionales para sonorizar tus eventos en vivo.
Garantiza un sonido espectacular y cristalino con nuestros servicios.
Haz que tu evento sea inolvidable con nuestra experiencia en ingeniería de sonido
Información: www.academiastudio240.com

Escuela Superior de
Audio y Acústica
Carrera de Técnico Medio en Audio y Acústica
Curso de Asistente
de Ingeniero
Calle Sucre, Residencias Chacao PB,
Locales Internos 1 y 2 Chacao, Caracas, Venezuela
escuelasuperiordeaudio@cantv.net
http://www.escuelasuperiordeaudio.com.ve

El tabernáculo

El Tabernáculo es una estructura descrita en la Biblia que fue construida por los israelitas durante su travesía por el desierto. Según el relato bíblico, Dios le ordenó a Moisés construir el Tabernáculo como lugar de culto y adoración.

En la actualidad, la santidad sigue siendo un principio fundamental en muchas religiones y congregaciones, especialmente en lo que respecta a la manipulación y uso de utensilios sagrados dentro de los lugares de culto. Aquí hay algunas razones por las cuales la santidad sigue siendo importante en la actualidad:

1. Respeto y reverencia: Al igual que en el Tabernáculo en la Biblia, los utensilios utilizados en las congregaciones religiosas representan la presencia de lo sagrado y deben ser tratados con respeto y reverencia. Mantener un ambiente de respeto hacia los objetos sagrados promueve un mayor sentido de conexión espiritual y reverencia hacia lo divino.

2. Pureza de intención: La santidad también implica la pureza de intención y la dedicación a lo sagrado. Aquellos que utilizan utensilios sagrados en rituales religiosos deben hacerlo con un corazón puro y sincero, enfocándose en el propósito espiritual detrás de sus acciones.

3. Mantener la tradición y la continuidad: La santidad en el uso de utensilios religiosos también ayuda a mantener la tradición y la continuidad de las prácticas espirituales. Al seguir las normas de pureza y respeto hacia estos objetos sagrados, se preserva la integridad de las enseñanzas religiosas y se honra la historia y la herencia espiritual de la comunidad.

Diezmo primicias ofrendas

El diezmo es una práctica que aparece en la Biblia desde tiempos muy antiguos. En el Antiguo Testamento, la práctica del diezmo está asociada con la ley dada por Dios a Moisés en el libro de Levítico. En Levítico 27:30 se establece: "El diezmo de la tierra, ya sea de la simiente de la tierra o del fruto de los árboles, es del Señor; es cosa consagrada al Señor".

La primicia en la Biblia comienza a ser mencionada en el Antiguo Testamento, específicamente en el libro de Éxodo, capítulo 23, versículo 19. En este pasaje se hace referencia a la primera cosecha de los frutos de la tierra que debían ser presentados como ofrenda al Señor. La primicia era considerada como un acto de gratitud y reconocimiento hacia Dios por sus bendiciones.

En la actualidad, la primicia sigue siendo un principio importante en la Iglesia Cristiana. Se considera como una forma de honrar a Dios con lo primero y lo mejor de nuestras vidas, ya sea en términos de tiempo, talentos o recursos materiales.

Dar las primicias es una expresión de confianza en Dios como proveedor y de reconocimiento de que todo lo que tenemos proviene de Él. También es un acto de obediencia a los mandamientos bíblicos que nos instan a devolver una parte de lo que recibimos a Dios.

Muchas iglesias alientan a sus miembros a dar primicias como un acto de adoración y sacrificio, creyendo que Dios bendice a aquellos que son generosos en su dar. Además, las primicias también se utilizan para apoyar la obra de la iglesia y ayudar en la labor misionera y de caridad. En resumen, las primicias siguen siendo un principio importante en la vida cristiana como una forma de demostrar amor y gratitud a Dios y de contribuir al crecimiento de su reino.

Las personas ofrendan dinero en las iglesias por diversas razones, algunas de las cuales incluyen:

1. Sostener las actividades de la iglesia: El dinero donado por los fieles se utiliza para mantener y sostener las operaciones de la iglesia, como el pago de personal, gastos de mantenimiento de los edificios, programas de ministerio, compras de equipos tecnológicos en audio y vídeo, materiales para la adoración y otros gastos relacionados con la misión de la iglesia.

2. Apoyar obras de caridad y ayuda social: Muchas iglesias utilizan parte de las ofrendas y donaciones para financiar programas de ayuda social, obras de caridad y misiones que benefician a personas necesitadas dentro y fuera de la comunidad.

3. Sostener programas de educación y formación espiritual: Los recursos económicos donados por los feligreses también se utilizan para financiar programas educativos, estudios bíblicos, seminarios, conferencias y otras actividades que contribuyen al crecimiento espiritual de la comunidad de fe.

Es importante que las iglesias y sus líderes administren los recursos financieros con transparencia y responsabilidad, y que los fieles den sus ofrendas de manera voluntaria, generosa y con un corazón agradecido. Ofrendar en la iglesia es, en última instancia, un acto de fe y adoración que refleja nuestra dependencia de Dios y nuestro compromiso con su obra en el mundo. porque hablo del tabernáculo de la Biblia porque en ocasiones estamos sirviendo a nivel del sonido profesional en diferentes congregaciones esta congregaciones son lugares específicos donde se adora a Dios y ellos tienen costumbres doctrinales en las cuales hay que conocer y ser muy respetuoso amable y responsable a la hora de servir en esos lugares el vocabulario la vestimenta un sonido acorde a esos locales influyen mucho en un buen trato entre el cliente y el prestador de servicio en esos lugares hay que respetar mucho los utensilios los equipos todo desde un mantel hasta las copas cornetas micrófonos a la tarima como lo conocemos a nivel de sonido en vivo no se puede subir aún por el pito dentro de esos locales afuera se le llama tarima adentro se le llama púlpito.

No podemos subir y estar revisando estar cableando estar instalando equipos en plena actividad hay que ser muy prudente muy respetuoso y saber que lo estamos haciendo con mucha excelencia por eso decidí colocar lo que es el tabernáculo porque básicamente el tabernáculo fue la primera iglesia el primer local donde se realizaba sacrificio de adoración a Dios hoy en día se conocen como congregaciones y es por eso que tenemos que ser muy respetuosos como profesionales del audio. una vez trabajando en una vigilia llamada gran vigilia Venezuela estaban buscando a alguien que se encarga del sonido pero que esa persona fuese cristiano recuerdo que yo estaba en la universidad en ese momento estudiando y un conocido mío me llama y me dice que si yo quería trabajar en esa vigilia cuando yo asisto al lugar fue en el estadio olímpico de la universidad central de Venezuela y tuve que realizarle el sonido a varias agrupaciones cristianas cabe destacar que el sistema estaba muy bien instalado acorde a la actividad sistema jbl line array vertec y una consolas digitales llamada m7cl para el sonido principal y una ls9 para realizar monitores. Ese día le hice un sonido a un cantante llamado Fabricio muy conocido en el ámbito cristiano su manager se me acerca y me dice usted le puede realizar el sonido al señor Fabricio en ese momento el ingeniero no pudo asistir el personal como ya me conocía algunas canciones de ese artista no se me hizo muy complicado realizarle el sonido por eso es importante escuchar mucha música si te vas a dedicar a la música cristiana tienes que tener cierta historia de que es la música cristiana cuáles son sus artistas más comunes y cómo están equilibradas las canciones cuando te toque mezclar realizar un sonido o algún tipo de grabación en el ámbito Cristiano ya tendrás cierta memoria auditiva canción famosa de Fabricio como la que dice **adorarte** Es fácil Saber dónde están los solos de los instrumentos en qué momento subir y bajar los volúmenes de los canales como comprimir su voz y cómo realizar una mezcla en general y es que son tantas los días pasada que escuchaba esa canción que se mezcló en ese momento en mi mente las emociones el criterio y las canciones memorizadas dentro de mi mente hicieron que todo sonara acorde a la esperada luego de esa actividad me invitaron a realizarle el sonido un par de veces en varias Iglesias no se sabe en qué momento te tocará realizar una actividad de ese estilo manejar diferentes presiones sonoras en campos abiertos es algo que yo lo compararía como si fuera un toro una bestia salvaje en la cual tienes que dominar soltarla duro y no caerte mientras sonríes y disfrutas del evento así son los sonidos en vivo muchas personas lo comparan con algo cálido tranquilo otras personas la comparan con un día asolado y a la vez lluvioso yo lo comparo con esa adrenalina de un animal salvaje porque son muchas las dinámicas que cambian y eso ocurre cuando se presentan varias agrupaciones al mismo tiempo donde su arreglo tanto en la tarima con los instrumentos varían también con los micrófonos que vayan a utilizar y más aún el reto aumenta más cuando tienes que realizar un sonido en vivo con diferentes agrupaciones y dependes nada más de una sola consola para realizar el sonido en vivo para el público y el monitoreo para cada músico.

Inclusive se te puede colear las personas que están grabando el video en voz de esa actividad mucha adrenalina mucha emoción mezclada con mucha preparación y responsabilidad hay que cuidar primeramente el oído del público el oído de los músicos en los equipos que se están utilizando. te recomiendo que si lo estás haciendo con una consola digital sí muy ordenado y trata de tener la lista de los artistas y los requerimientos que necesitan aprovechan de la buena manera la consola digital en ese momento me refiero a sus características a sus funciones hay cláusulas que te permiten crear capas acorde a tus necesidades en una sola capa puede tener los envíos de las mezclas puedes tener los vca mer los canales principales que vayas a necesitar presentadores de la agrupaciones micrófono principal los matrix y así estarás más ordenado a la hora de realizar con una sola consola tanto monitores como mezcla principal del público solo de nuevo te llevará al éxito haciendo guardando las escenas de la consola.

La Honra personal dentro del sonido del reino.

Vanessa y Jafet.

Cuando escuché esa canción cuántas veces no hemos escuchado esa canción **no he querido ofenderte ni tratarte mal señor jamás te dejaré oh mi Dios jamás te dejaré o mi Dios** siempre he cantado esa canción siempre me ha gustado y recuerdo que un día apenas estaba empezando estudiando sonidos en la escuela superior con el gran profesor Mujica y recuerdo que mi mamá en una iglesia me dice hijo están buscando a un ingeniero y broma para que haga un sonido en iglesia donde estamos nosotros y yo mamá haga que me falta mucho camino por recorrer para ser un ingeniero el famoso bueno imagínate no tenía mucho tiempo estudiando creo que llevaba apenas dos meses estaba en cascarón todavía y recuerdo que hoy hablar con ellos entonces metiendo un señor me dice no es que mi hijo con su esposa va a cantar un dos tres canciones nada más y historia del equipo que tenemos vamos a hacer unas pruebas y bueno como quien dice por ahí le metí mano gracias a Dios no hubieron feedback, cuando vi a esos artistas ella no puede ser me empezaron a atacar los nervios y la emoción del sonido a Vanessa y Jafet recuerdo que se me acerca Jafet y me dice oye para que haga este sonido y de repente cuando agarro y empiezan a cantar esa canción No puede ser eso son los artistas de verdad que me sentí muy contento no sabía que ellos cantaban esa canción pero sí me gustaba muchísimo esa canción tengo la imagen que se la publicaré más adelante

De mi primera foto con ellos fue la primera vez que les trabajé a ellos afuera en un evento aparte la primera vez fue en la iglesia de su padre va entonces esa primera y la segunda vez que la trabajé que fue afuera que ellos me dijeron fue en otra congregación estaban promocionando un disco en ese tiempo y a continuación le muestro la foto recordándole que no pierdan sus sueños soñar está a un paso de lograr la meta sueño en grande prepárate en silencio aprende estudia mucho practica todos los días practica ensayo y error verás que con el pasar del tiempo sonará mejor escucharás mejor y sobre todos los clientes se alegrarán.

Vanessa y Jafet juntos a Rafael Herrera

Pastores Noel Mendez, Pastora HasyBe Asaf de Mendez, pastores Joel López y Loida de López

sonido dentro de la congregación hay un par de pastores que yo siempre he honrado y muchas veces lo he hecho en silencio sus nombres son pastor Noel Méndez y su esposa la pastora Hasybe de Méndez. el sonido dentro de la congregación hay un par de pastores que yo siempre he honrado y muchas veces lo he hecho en silencio sus nombres son pastor Noel Méndez y su esposa la pastora Hasybe de Méndez, una época cuando ellos estaban empezando su ministerio como pastores que siempre me llamaban para que yo lo realizara el sonido en sus actividades especiales yo los asesoraba y les decía qué equipos comprar cada vez que ellos necesitaban comprar algún equipo me pedían mi asesoría recuerdo que para la época yo les recomendé comprar JBL Eón amplificadas y el famoso drive rack de la marca DBX pues hay que calibrar el sistema dentro de su iglesia instalar los equipos revisar el cableado microfonear algunos instrumentos que elaborar el sistema con el drive rack y cada vez que tengan actividades afuera hay otras congregaciones ellos me llamaron para yo realizar el sonido gracias a Dios porque ellos depositaban su confianza en mí sabiendo de que yo como profesional no le fallaría a ellos siempre sonará no recuerdo cuántas veces son pero fueron bastantes los días que yo salía con ellos a realizar sonido en vivo tanto dentro de su congregación como en otros lugares,

El Pastor Noel Méndez aparte de pastor es pianista y sabe mucho de música y la pastora Hasybe aparte de ese pastor sabe mucho de música canta muy bien y toca el saxofón ah bueno reunirse de personas como ellos siempre aprendes algo bueno cada vez que estás en alguna actividad.

En donde me congrego actualmente en centro de esperanza La California Caracas he aprendido mediante mis pastores Joel López y Loida de López habla mucho sobre el aprendizaje el cumplir horario es ser puntuales ser personas de palabra eso me ha ayudado mucho a la hora de asistir a un evento llegar muchísimo antes a la hora pautada si el evento es a las 9 trató de llegar 7:30 a 8:00 para ponerme a corriente con lo que se vaya a realizar instalar cable conectar micrófono prepara todo el ambiente y no esperar a que llegue el momento para salir corriendo hacia las cosas y si doy mi palabra en decir que voy a hacer un evento voy a participar en alguna actividad lo hago porque de eso se trata la vida de mejorando cada día que pasa nuestro comportamiento nuestra actitud determinará muchísimo el día de mañana el talento sin disciplina se pierde. Por eso como dice la Biblia hay que honrar primeramente a Dios Jehová y seguidamente a esas personas están en alta eminencia por eso decidí colocarlo a ellos en este ejemplar del libro.

Profesores Ing. Diego brett y el Ing. José Mujica.

Una vez ya estaba estudiando en escuela superior de audio acústica recuerdo que ya era asistente de ingeniero ya había estudiado esa parte en la escuela y estaba estudiando sonido en vivo me faltaba una semana para que empezaran las clases y yo no tenía para cancelar ese monto ese pago porque al mismo tiempo estaba estudiando en la escuela superior de audio y en Iutirla del paraíso está estudiando ciencia audiovisuales dos carreras al mismo tiempo y la sonará muy bien entonces me acerco hablé con las personas a cargo y empezó a aplicarlo parte del conocimiento que ya tenía lo de esta parte sonó bien la encargada del evento se me presentó me dijo que se llamaba Ana Viloria y en esa conversaciones yo le dije que no voy a trabajar porque me chocaba ya sabes estaba estudiando en la escuela superior en un horario estaba estudiando ciencia audiovisuales le comenté que si necesitaba trabajar porque me faltaba pagar el nivel en la escuela superior el de sonido y no tenía la señora me dijo que la buscara eso fue un fin de semana que le buscara el lunes o una oficina en Caracas yo vivo y cuando me acerco hablo con ella y ella me dijo que quería mucho a las personas en la forma como la gente observaba la vida se apreciaba la vida y todo eso y dijo que veía cierta potencial en mí agarró un cheque lo firmó y me lo entregó me dijo cuánto es yo no sé cuánto era lo que necesitaba hizo un cheque y me lo entregó y desde allí hice una amistad con ella fui a la escuela superior rápido y cancela el dinero que hacía falta entonces lo cuento como testimonio

muchas veces Dios bendice a las personas es algo que sucede de repente está en el momento preciso con las personas precisas y simplemente surgen las cosas en ocasiones no las buscamos sino que ellas nos buscan a nosotros entonces cuando estoy estudiando en vivo el profesor Mujica el ingeniero José Mujica que lo aprecio mucho director de la escuela superior de audio y acústica en Caracas Venezuela él presenta un profesor nuevo llamado Diego brett nos dice que él es el profesor de pa mucha trayectoria muchos estudios y bueno y empezamos a ver clase con él aprendí muchísimo con él es un profesor que aprecio mucho en la actualidad recuerdo una vez que ya teníamos varios días de clase él nos dice a nosotros nos empieza a hablar de consola digital ya no tenía conocimiento así tan tan profundo de consola digital nos dice que vayamos a hacer unas prácticas unas cosas así con un equipo en Venezuela que él había comprado una de las primera consola soundcraft Si3 cuando vi esa consola ay Dios mío fue los fader motorizado se mueven solos dependiendo donde esté posicionado la federa iluminan de un color los ecualizadores gráficos de color rojo fue la primera consola ese modelo en específico aquí en Venezuela y Dios me dio la oportunidad de aprender algo de ella de la mano del ingeniero Diego. altavoces jbl verde preamplificadores crown modelos nuevos microfonía akg para baterías que se llama amigos invisibles en ese momento que el profesor me lo decía siempre me acuerdo de eso es una frecuencia 83 hercios se sentía mucho.

El profesor tenía un analizar de espectro y está tratando de corregirlo en eso llegan dos ingenieros el ingeniero de monitores y el ingeniero de sonido principal de la banda musical lo primero que cuando se presentan lo primero que dicen es que la frecuencia 83 hz se sentía mucho y el profesor se me acerca profesor Diego y me dice a eso es que me refiero Rafael hay personas que con simplemente escuchar ya saben qué frecuencia está demás cual está encajonada cuál no se percibe a cuál hace falta reforzar cuál frecuencia hace falta atenuar hay personas que simplemente con escuchar ya se saben el número de frecuencias y otras personas no. En aquel tiempo yo hablaba con el profesor Diego y le decía profesor cuando llegara ese momento para yo diferenciar toda no depender tanto de un analizar de espectro sino de y él empezó a explicarme que era cuestión de práctica algunas personas le llegaba rápido ese oído y otras personas tardaban un poco más cómo pasar de los años me di cuenta que tardé un poco más el pollo diferenciar alguna frecuencia me costó un poco y fue de repente estar en un evento no voy a decir que explotó algo en mi cerebro ni nada de eso pero sí sentí como una calentura internamente mis oídos y desde allí empecé a diferenciar ciertas frecuencias anteriormente no me gustaba hacer monitores no me gustaba porque no lo dominaba no diferenciaba frecuencia el cambio de una agrupación con otra agrupación y cuando era en consolas análogas era un poco más complicado sabes tenía que ser muy rápido tener mucho criterio a la hora de configurar ciertos eventos con el modernismo consolas digitales se ha hecho más prácticos y con el entrenamiento auditivo es más preciso cada vez hay menos feedback cada vez los clientes se quejan menos de mí y yo he aprendido muchísimo desde esa época con el profesor Diego en algunos lugares eventos auditorios estadios muchos ingenieros los conocen a él como el rey de la ecualización parte de la honra como lo dice la Biblia que hay que honrar primeramente a Dios Jehová también a la persona que están en alta eminencia decidí colocar algo una pequeña historia de los profesores los ingenieros Diego brett y Jose Mujica.

Profesor Diego Brett y Rafael Herrera juntos a una de las primeras Soundcraft Si3 consola digital en Venezuela. Codo a codo en la mezclas.

Profesor Jesús Sánchez.

parte de la experiencia en grabación digital pro tools cuando estaba estudiando en la escuela superior de acústica en aquel entonces la escuela superior no contaba con estudios de grabación entonces estaba asociado con Audioplace mis comienzos en ese lugar son muy lindos cuando observo todos los equipos el lugar el ambiente lo bueno que se escuchaba ese lugar dentro de mí por fin estoy en un estudio de grabación recuerdo que tenían una consola Digi 002 pero dentro de mí algún día me compraré uno igual con el pasar de los tiempos logré comprarme dos en esos momentos estudiando con el profesor Jesús recuerdo que este un profesor muy talentoso aprendí mucho de él ingeniero de sonido productor musical él siempre estaba grabando siempre cuando yo recuerdo que una vez cuando yo llego al estudio a estudiar estaba saliendo una pareja de músicos y él me dice estoy haciendo la producción a ellos y yo ahí no puede ser profesor qué emoción y a los días eran otra banda que estaba grabando y a mediados de un mes creo yo vuelvo a ir sería viendo clase con él y cuando voy estaban grabando unas publicidades y el profesor porque de eso se tratan los estudios de grabación grabar producir aprender mucho de dinámica señores dinámica ruteos microfonía con el pasar de los tiempos estudié Nuendo producción musical también en Audioplace.

En aquel tiempo estaba en pañales hoy en día es una de las academias de ingeniería de sonido más famosa más grande repleta de equipo de profesores y el amor voy a decir que yo estudié en Audioplace como a veces su eslogan se parte de nuestro talentosos egresados muchísimo pero muchísimas personas han estudiado allí y se han notado el cambio a nivel profesional de muchas compañías de sonido recuerdo que el profesor tenía unas Yamaha ns 10 estudio genelec y el profesor me dice Rafael en la casa también tengo otro par de esas cornetas aprendí a escuchar y recuerdo que nunca había probado unos audífonos a kg 240 y el profesor me dice que los pruebe me los coloco recuerdo colocar una sesión en pro tools música salsa y estoy escuchando y en eso se me salió la emoción y grité no lo puedo creer pareciera que el cantante está al frente mío tan preciso esos audífonos que para eso fueron diseñados esos audífonos para escuchar exactamente lo que se está reproduciendo con el pasar de los tiempos fundé una academia ya antes mencionada estudio 240 recordándome de esos audífonos que escuché por primera vez con una sesión en pro tools de un gran artista y una gran academia audioplace por eso decidí ahorrar como dice la palabra primeramente a Dios Jehová y luego a la persona que están en alta eminencia en este caso al profesor Jesús Sánchez.

Rafael Herrera y su Digi 002

Grandes ingenieros (Grammy Mejor Ingeniería de Grabación).

Por primera vez en la historia, una producción hecha en Venezuela un premio Grammy en la categoría "Mejor ingeniería de grabación para un álbum". disco de C4 Trío y Rafael "Pollo" Brito, "De repente"

La lista completa de los ingenieros que participaron en este disco es la siguiente:

Juber Anbín, Rodner Padilla, Eduardo Pulgar, Johnnatan García, Vladimir Quintero Mora[1], Jean Sánchez y Alexander Vanlawren en la grabación, Darío Peñaloza[2] (mezcla) y Germán Landaeta[3] (mezcla y mastering). Grandes ingenieros venezolanos en este ejemplar honro el valor y la dedicación de esos grandes ingenieros de sonido que se convirtieron en grandes talentosos y muy buenos profesores no los conozco a todos personalmente no todos me conocen personalmente y hoy los honra aprendo mucho a través de sus trabajos hablaré un poco de lo que fue el disco de lo que es el disco c4 trío y Rafael pollo Brito de repente mediante una entrevista realizada en una página muy

1. http://www.hablemosaudio.com/2014/01/hablemos-audio-con-vladimir-quintero.html

2. http://www.hablemosaudio.com/2013/12/dario-penaloza.html

3. http://www.hablemosaudio.com/2014/04/german-landaeta.html

famosa llamada hablemos audio algunos de los ingenieros nominados al Grammy mejor grabación exponen cómo realizaron esta obra de arte llamada disco musical cuando realizaron la entrevista estaban nominados al Grammy con mucha fe esperanza puesta en Dios

Lograron alcanzar el éxito ganando ese Grammy el disco fue grabado en varios estudios cabe destacar que si tienen la oportunidad de escucharlo completo pareciera que si fuera grabado en un mismo lugar

en una parte de la entrevista uno de los ingenieros comenta que un artista grabando en ese disco agarró su instrumento llamado cuatro y lo guardó dentro de una bolsa plástica y empezó a tocarlo el ingeniero se sorprende y dice que tengo que grabar yo aquí y grabamos como con sus micrófonos grabó ese material esa parte grabada en su parte fundamental de uno de los temas por eso se observa el gran talento y la gran sonoridad de ese disco no se trata nada más del músico ejecutando un instrumento sino la pasión entre los mismos músicos los rostros las expresiones que colocan cada uno mientras los otros van tocando y otros van observando esa dinámica de trabajo solamente la da la pasión la armonía la amistad y eso es lo que se transmite en ese disco desde principio a fin.

Hoy es el disco y provoca escucharlo completo no está esa guerra del volumen como en otros discos que desean sonar más duro más fuerte en este disco se escucha la dinámica los espacios los paneos se percibe muchas veces esa parte acústica esa parte atmosférica el punch de la mezcla se siente constantemente en un disco de muy buena referencia para muchos ingenieros que quieran incursionar en el mundo de la grabación la mezcla y el mastering.

todos aportaron lo mejor de sí músicos instrumentos equipos micrófonos previos ingenieros productores asistentes te dio como resultado el éxito una huella que queda registrada al pasar de los tiempos por fin Venezuela gana un Grammy en esa categoría es muy emocionante saber que esos grandes ingenieros son personas muy amables y respetuosas siempre están enseñando siempre están motivando tanto a los músicos clientes como el público ya que al final los que más disfrutan son los es el público escuchar esas canciones escuchar ese trabajo, uno de los ingenieros comenta que utilizó un micrófono Neumann tlm 103 para grabar la voz del pollo Brito también comenta de que el cantante tiene un buen color de voz es muy afinado.

Por eso decidí honrar como dice la palabra primeramente a Dios Jehová y luego a las personas que están en alta eminencia en este caso a los ingenieros ganadores del Grammy y a todas esas personas que participaron en esta victoria conseguida con este disco de:

C4 Trío y Rafael "Pollo" Brito, "De repente"

Ing. Dario Peñalosa.

Una vez estaba en una emisora de radio y era mi primer día trabajando allí recuerdo mucha emoción mucho entusiasmo y a una parrilla informativa sonando para una canción en particular que sonaba demasiado el piano de esa canción más que lo demás instrumentos entonces cada vez que se repetía la misma canción que arrancada la parrilla informativa son esa canción después terminada la parrilla volvía nuevamente al comienzo se escuchaba demasiado ese piano recuerdo que lo busqué por internet de la canción La puse a reproducir aparte con el mismo sistema y seguía sonando igual y yo decía porque suena así porque suena tanto el piano entonces le escribí al ingeniero Darío Peñaloza le mandé la canción le escribí lo que estaba sucediendo y él me dijo así exagerado mucho volumen poco algo aquí suena normal como debe ser todo está bien mezclado y yo y yo dije cuando estaba leyendo si yo dije que bueno aquí suenan aquí suena diferente y el diagnóstico que él. Dijo fue como si fuera una clínica un hospital no sé dijo lo que se me ocurre que revises tus monitores revisa el cableado de los monitores terminé de leer lo que él me escribió revise el cableado de los monitores y en verdad los cables están mal instalados estaban invertidos cuando corrijo eso coloco los cables

como tienen que ir positivo con positivo o negativo con negativo revisa el cableado la distancia todo normal esa canción y yo dije en verdad el profesor como así yo los llamo a ellos al profesor Darío Peñaloza era un profesor con solamente decirle eso sin estar en el lugar es un diagnóstico me dijo eso apliqué lo que él me dijo y se resolvió todo y por eso estoy escribiendo esa parte aquí sobre él porque la Biblia dice que hay que honrar primeramente a Dios Jehová los ejércitos y también a las personas esa persona que están en alta eminencia en este caso estos ingenieros con de los que le estoy haciendo comentario a lo largo de este ejemplar del libro.

Cristóbal Herrera.

El diseño de la página de la academia online estudio 240 surgió mediante el apoyo de mi hermano Cristóbal Herrera él siempre ha sido muy unido a mí como hermano desde siempre recuerdo una vez cuando diseñamos entre los dos varias páginas de internet para algunas Iglesias juntos llegamos a modificar un amplificador de cornetas de computadora y convertimos ese amplificador en un amplificador de audífono para un baterista de una iglesia con el pasar de los tiempos reparábamos cornetas juntos amplificadores de alta gama diseñamos una biblioteca online con mucho material referente al sonido la música y la teología hoy en día con El avance tecnológico la inteligencia artificial y el metaverso

hemos aprendido a utilizar esta tecnología es algo de constante aprendizaje también le hemos realizado mantenimiento a varias consolas analógicas de algunas congregaciones por eso es que decidí cómo dice la Biblia honrar primeramente a Dios Jehová y a la persona que están en alta eminencia este momento se lo se lo dedico a mi hermano Cristóbal Herrera codo a codo aprendiendo.

Pastora Jocelyn Arteaga.

La gran coral de la vigilia de Venezuela es la unión de muchos cantantes adoradores de diferentes congregaciones de todo el territorio venezolano donde participa más de 3000 cantantes, se encuentra una sinfónica compuesta por músicos de diferentes Iglesias hay algunas agrupaciones musicales a todo eso se le suma las voces de la gran coral. En el año 2023 la pastora Jocelyn Arteaga me da la oportunidad de participar en esta coral y en ese mismo año ella me juramenta como miembro oficial de la gran coral, el día de la gran vigilia que se realizó la actividad fue un gran momento para mi vida poder ser parte de esta gran coral el día de la actividad el profesor Diego Brett estuvo realizando el sonido y el sistema principal estaba c esa actividad se realizó en el estadio de la USB todo un reto el microfonear a varias bandas musicales a una sinfónica con muchos instrumentos y una coral de más de 3000 voces, la actividad empezó a las 7 de la noche y concluyó al día siguiente 7 de la mañana un gran reto para nuestras vidas ser músicos en esa actividad demanda de mucha disciplina entrenamiento coordinación ya que la sinfónica y las bandas musicales compuesto por un sistema line array muy buena calidad de sonido,

Y las voces de la gran coral a un lado en las gradas por eso, estar en una gran coral me ha ayudado mucho en la disciplina, la santidad, a practicar canciones, dominar más el miedo escénico, Coordinar con amigos y comunicarme con personas que recién conozco, estar de este lado de la música es algo muy agradable ya que en la parte técnica se me ha hecho más fácil corregir cosas cuando estoy grabando saber las tonalidades los rangos qué tipo de voces son a la hora de grabar voces, cuando estoy trabajando con ellos saber si están afinadas si están desafinadas las voces si van al mismo tiempo de la canción también me ha ayudado mucho y el trabajo ha salido más rápido como lo dice la Biblia honrar primeramente a Dios Jehová a las personas que están en alta eminencia por eso le dedico este momento a la pastora Jocelyn Arteaga.

Imagen del Estadio de la Universidad central de Venezuela Evento realizado llamado La Gran vigilia de oración Venezuela, junto a la gran

coral 3.000 voces una sinfónica y varias agrupaciones nacionales y también internacionales.

Profesor Osvaldo.

gran parte de la música en mi vida es por medio de los estudios realizados en el instituto de cultura del profesor Osvaldo en ese lugar estudié el instrumento venezolano llamado cuatro el cual es muy parecido a una guitarra acústica pero más pequeña y con cuatro cuerdas nada más en aquel entonces no me inscribí a estudiar ese instrumento pero en ese instituto a medida que ibas avanzando con el instrumento el profesor te iba agregando más instrumentos empezadas con el instrumento cuatro después te daba clase de flauta dulce teatro guitarra acústica percusión bajo y piano recuerdo que cuando estaba practicando con el cuatro el profesor se me acerca y me dice ya es tiempo de que compres una flauta cuando la compro y empiezo a recibir clase de del profesor confieso que al principio no me gustaba pintaba mucho la flauta eran mis primeros días aprendiendo el instrumento pero una tarde el profesor se me acerca y me entrega mis manos la primera canción llamada el día de mamita al pasar los meses después el instrumento cuatro y tocar soplar y soplar día y noche la flauta me encantó ese instrumento con el tiempo aprendí lo que era la realización de obras de teatro me han ayudado mucho para comprender bien desde el otro lado de la tarima lo que ocurre en las obras de teatro a la hora de microfonear Isabel realmente cómo capturar sonidos en diferentes tipos obras teatrales me retiré de esa institución cuando estaba aprendiendo con la guitarra para ese entonces tenía un choque de horarios trabajaba estudiaba muchas veces no me rendía en un futuro no muy lejano retomé nuevamente la música en otro lugar la Biblia dice honrar primeramente a Dios Jehová y a la persona que están en alto eminencia para eso te doy las gracias a Dios por el profesor Osvaldo y sus enseñanzas en la música.

Joselo torres.

algunos de los eventos que realicé cuando empecé mi carrera profesional del audio los realicé junto a un compañero de clase su nombre Joselo torres aprendimos mucho en la escuela superior de audio donde estudiábamos recuerdo que una vez Él me dijo Rafael estoy creando una compañía de sonido sería bueno de que me ayudaras y fueron muchos los eventos realizados recuerdo que utilizábamos como sistema principal una consola digital Yamaha 01 b y altavoces JBL realizábamos sonidos para eventos pequeños y medianos normalmente eran dos o tres eventos a la semana me sorprende mucho todo lo que ha crecido profesionalmente José torres muy bien el sonido en vivo sobre todo la música latina en esa época utilizábamos el DBX drive 260 amplificadores CROWN llegó un momento en que me decidí incursionar en el mundo de la grabación y no lo veía con mucha más frecuencia que antes muy buen amigo y profesional del audio si quieres aprender más de la instalación operación del audio júntate con él hay que honrar primeramente a Dios Jehová y a las personas de alta eminencia por eso le dedico este párrafo a mi amigo Joselo torres.

Clases online y semi presencial, tenemos: Biblioteca online, metaverso salones virtuales y una inteligencia artificial.

Se parte de nuestros talentosos estudiantes.

Un pequeño aporte en el mundo del audio.

Comprendí con el pasar de los tiempos la necesidad que había en muchos sitios religiosos algunas bandas me invitaban para que yo le hiciera el sonido y recuerdo que cuando yo asistí a esos lugares habían operadores de audio en algunos sí habían y otros no o simplemente eran personas que la colocaron en ese cargo por decirlo así con algunos que otro conocimiento mucho de ellos eran DJ en su otra vida entonces vi la necesidad que había un vacío una falta de conocimiento muy amplia y me dije a mí mismo una vez agarrando unos cables y enrollándolos cuando estaba terminando una actividad en uno de esos sitios religiosos y me dije algún día voy a enseñar lo poco o mucho que he aprendido lo voy a enseñar y en esa época recuerdo que estuve en varias congregaciones alrededor de 11 creo no me acuerdo bien, enseñando a las persona a los encargados de los equipos de audio enseñándole lo que era el cuidado la instalación operación. Fue solo en un futuro cuando está en una congregación y me dije a mí mismo no basta nada más con ir a los locales a enseñar a las personas ya que algunos de ellos se iban estaban momentáneamente otros simplemente se desaparecían y dejaban el equipo sonando fue cuando meditando yo dije necesitamos hacer una academia Te enseña esa parte ya en la actualidad hay varias en el país pero siento de que falta todavía mucho más entonces una de esa forma era dar la clase formalmente y de allí donde surge Academia Studio 240

y la verdad que estoy muy agradecido con Dios porque se ha ido complementando tanto en equipos como en personal profesores muy buenos talentos el creerse hacer toda una sola persona es grave es bueno complementarse salen más ideas entre varias personas y si son profesionales en el área es mejor hay una parte en la Biblia que dice es mejor dos personas que uno cuando deciden hacer la academia estaba solo y Dios fue colocando las demás cosas que se necesitaban. Hay una parte en la Biblia que dice es mejor dos personas que uno si hay dos personas se ayudan entre sí pero si está una sola persona que no ayuda a la hora de necesitar algo recuerdo que una vez yo estaba estudiando y el profesor me decía es necesario que el profesional del audio también sepa música entonces cuando creé la academia aproveche con lo que el área de música para que ese profesional que estudie allí que se forme sepa pueda dominar varias áreas no solamente instalar un equipo sino también operar el equipo si le toca crear una canción La puede crear si le toca corregir unas voces a la hora de grabar lo puede hacer son muchas áreas que a medida del tiempo he visto la necesidad y lo he ido complementando con la ayuda de muy buenos profesores por eso que a partir de allí surgió la frase llamada academia de sonido y música al que va a estudiar sonido también se quiere pues estudiar música y el que estudia música si quiere también puede estudiar sonido un ejemplo a una persona se le enseña a cantar en La academia vocalización afinación respiración muchas técnicas y también se le enseña lo que es El dominio al escenario cómo perder el miedo escénico cómo dominar unas canciones

y también se le enseña complementariamente lo que es la grabación cómo grabar su propia voz cómo producir unos temas propios eso es algo que muy pocas acá me lo enseñan por eso es un valor agregado como lo hizo el título un pequeño aporte en el mundo del audio.

Mi primera consola.

mi primera consola de mi primera consola de audio recuerdo que recuerdo que fue estaba empezando a estudiar ya hacía desde octubre el año pasado y recuerdo que mi cumpleaños y me llamaron de un lugar donde hacían ayudas sociales que tenía aprobado una ayuda Social para estudiar y entonces yo fui recuerdo que era un millón 470 bolívares todavía guardo el recibo la tienda cuando contento a buscar el cheque voy a la tienda borne ubicada en Sabana Grande todos los viernes pasaba por esa tienda a ver los equipos nuevos que traían y dije algún día me compraré mi primera consola aproveché ese momento y fue y me la compré El vendedor de esa tienda uno de los vendedores tema del hombre Franklin y él me dice que si va a comprar una consola Entonces yo le dije que sí en una Behringer 1204 FX la que traía procesador de efectos ese día que la compré él me dijo que fue en enero en la semana de mi cumpleaños unos días antes de mi cumpleaños me llamaron para darme una ayuda social y yo fui el día de mi cumpleaños a buscarla fueron un millón 417 bolívares todavía guardo el recibo Me fui corriendo a una tienda profesional radio borne porque fuiste a ese lugar Porque todos los viernes pasaba por Sabana Grande

Y observaba esa tienda mencionada y observaba los equipos Y decía dentro de mí algún día me compraré una de esas consolas ese día que la compré me atendió la llamada o Franklin recuerdo que me la compré y dijo qué otra cosa quería comprar porque menos dinero te dije bueno voy a aprovechar de comprar la consola una Behringer 04 FX buenísimo Franklin me recomendó unas cornetas de estudio y compré la famosas alto Pro m3 el dueño de la tienda me dijo falta de un micrófono y ya tienes ya todo completo para que empieces de dinero o compra un micrófono o comprar un paral pero no me ya Entonces el dueño me dijo pero qué quieres comprar y yo le dije micrófono para llevármelo no puedo hacer nada con el para por ahora bueno compro el micrófono y se le quedó Mirando a Franklin me observaba a mí le dijo Escoge uno de esos parales que están allí bastantes parales.

Cuando salí bueno tenía nada más el pasaje para devolverme si está Cuánto me cobras para llevarme a Baruta precio le dije no es mucho No tengo no me alcanza y en la parte de atrás Había otro taxista y me dijo Cuánto tiene me lleva hasta Baruta nos fuimos hablando y él me dijo Ajá Y cuando llegué a Baruta Cómo va a pagar el transporte para tu casa y yo le dije Bueno espero ver algún conocido y decirle y él me dijo bueno y yo en serio sí me recuerdo que me despedí de él hablé de Dios.

canción y me fui cuando subo en la camioneta un conocido me dijo que esos equipos y eso me preguntó las cajas todo que si no necesitaba ayuda y bueno Dan que me pagó el pasaje casa ahorrar y dije Dios mío no puede ser cantidad de dinero tío para el transporte casi con la misma cantidad y todo hace poco de equipos hice lo que llamamos nosotros ensayo y error

Me puse a platicar en la casa con esos equipos Escuchar cómo sonaban cada efecto hasta donde pueda llegar bien con y deseo aventurarme en la siguiente historia que se llama mi consola en la iglesia cuando voy a la congregación mi primer sonido con esa consola adiós no hubieron los cantantes están emocionados Ya que en esa iglesia no se contaba con consola un amplificador de dos micrófonos tenían ellas hacían unos puentes una conexiones todas extrañas y realizaban sus actividades con eso cuando yo llego con ese equipo me había comprado cabras y yo dije Qué diferencia Ahora sí suena coherente y es lo que llamamos mi primer error recuerdo que que todo salió bonito todo se vino bien familia de los equipos nuevamente para mi hogar.

oreo

compre una galleta oreo mientras iba en la camioneta a buscar la ayuda social mencionada en el párrafo anterior cada vez que veo una galleta oreo voy a celebrar recordándome que hice con Dios y si ya no llega a ver oreo Bueno será una galleta parecida siempre que tenga un acontecimiento bueno en mi vida voy a celebrar con oreo y fui y busqué mi ayuda social que me habían ofrecido salí corriendo y me compré una galleta oreo, también mi mejor amiga se llama Oriana Carolina Mendoza Mayorca su nombre es muy parecido al de la galleta, siempre la tengo presente a ella aunque este algo lejos de distancia, ahora comparto con ustedes lectores ya que siempre lo he mantenido en secreto Muy pocas personas saben de esto ahora lo saben ustedes.

Como en la Biblia cuando llegó y derramó aceite sobre una roca ya me acordé de ese pasaje bíblico y dije este es el momento para hacer algo parecido cada vez que realizo un sonido en vivo ya sea una grabación siempre trato de tener una olla muchas veces estamos en el estudio de grabación con un cliente nuevo artista nuevo y no sabemos muchas veces Cómo romper el hielo ese trato común entre cliente y servidor Siempre me he considerado como un cable un micrófono más dentro del estudio saber cuándo hablar cuándo opinar son retos que muchas veces son muy necesarios dominarlos y está el audio aprovecho y Le ofrezco una oreo eso causa una sensación de alivio alegrías gozo y los artistas se sienten mucho mejor y se desempeñan mejor eso me ocurre mucho cuando Son nuevos.

Una de tantas veces donde se muestra la galleta oreo y los equipos de audio profesional, siempre recordando el pacto que realizo siempre con Dios, recordando lo bueno que es conmigo.

ONLINE
PRESENCIAL
INGENIERÍA DE SONIDO
PRODUCCIÓN MUSICAL
audioplace
¿Qué quieres estudiar?

Manual práctico de supervivencias.

Estudia mucho Lee manuales guías PDF visita directamente a la fuente de los creadores de equipos sobre todo lo más populares como por ejemplo el driverack del fabricante DBX visita su página oficial revisa los manuales no sabes si el día de mañana te toque estar al frente de uno de esos equipos y tendrás que operarlo.

Ten en tu casa un pequeño laboratorio un computador un par de monitores y unos buenos audífonos descarga Los demos de los emuladores de audio hay muchos equipos hardware físicos que cuestan mucho dinero hoy en día puedes tener emuladores de esos equipos dentro de tu computadora aprende a escucharlos No tengas miedo en retorcer los potenciómetros ponlos a sonar con diferentes instrumentos musicales realiza pruebas combinando un emulador con otro emulador esto te ayudará a saber cómo suena cada equipo.

Consigue un ecualizador gráfico preferiblemente de un tercio de octava y empieza a subir y bajar frecuencia mientras reproduces sonidos esto te ayudará a diferenciar los diferentes rangos de frecuencia saber qué frecuencia es deseada y cuál frecuencia no es deseada en los instrumentos.

Menos es más muchas veces cuando estamos mezclando música en vivo caemos en la tentación de subir y subir volumen en cada uno de los fader la recomendación es la inversa en vez de subir y subir volumen es mejor bajar volumen.

Descarga videos publicitarios elimina el audio y ponte a producir y a grabar como si estuvieras creando desde cero sonidos para esas publicidades esto te ayudará a practicar y cuando venga un nuevo cliente ya tú sabrás cómo hacer muchas cosas.

póyate de tus amigos no todas las personas hacen de todo en el audio son muy pocas las personas que mezclan masterizan producen necesitan graban mezcla son bendecidos con un talento provenientes directamente de Dios mi recomendación es que te apoyes de esas personas amigos colegas para que puedas aprender si eres bueno editando pero no eres bueno mezclando busca amigos que sean buenos mezclando y comparte ideas con ella enseña lo que tú sabes y aprende lo que no sabes te va a ayudar a ser una persona muy integral en cada una de las áreas del audio.

El descanso es importante en ocasiones estamos en un estudio de grabación realizando un proyecto luego salimos a realizar un sonido en vivo tenemos que tomar sesiones para descansar el oído es un músculo y es nuestra principal herramienta de trabajo hay que cuidarla.

El poder del silencio en ocasiones nos encontramos con clientes y tratamos en demostrarles con palabras técnicas los resultados de algún proyecto cuando en realidad muchos de esos clientes no tienen ese conocimiento técnico del audio simplemente Te dirán no sé qué le hiciste pero déjalo así suena increíble por eso es mejor aprender a callar y no hablarle mucho a los clientes de palabras técnicas todo tiene su tiempo hay momentos que se puede hablar técnicamente y hay momentos que es mejor guardar silencio.

Te recomiendo tener a tu disposición un chocolate unas galletas algo con que compartir con los músicos así te va a ayudar a romper esa Barrera llamada atención y angustia ya que muchas veces los músicos llegan con ideas en sus mentes y uno como profesional del audio tiene que ayudarlos y guiarlos En beneficio de la música para que todas esas ideas mentales queden plasmadas en el sonido por eso es bueno compartir algún refrigerio créeme los músicos pueden cambiar muchísimo y sonará mejor y el trabajo fluye mejor.

El respeto es lo más importante entre colegas no todos en la industria del audio han tenido la oportunidad de estudiar formalmente la carrera ya sea ingeniería de sonido técnico de sonido operador de audio diseñador de sonido entre otras mi recomendación es ser amable y apoyarse unos a otros hay carreras largas y hay carreras cortas en esta industria muchos han aprendido mediante la experiencia tratar siempre con respeto a esa persona que enrolla cable a esa persona que instala cornetas a esa persona que opera el equipo siempre salen equipos cada día nuevo así salen muchas personas en este mundo llamado audio siempre hay talento y siempre habrá apoyo entre las personas del audio.

A lo mejor no eres un músico experimentado, pero es recomendable estudiar música cuando estés grabando una sesión en un estudio te servirá para comunicarte mejor con los artistas saber qué tonalidad está la canción saber si están afinadas las voces qué instrumentos seleccionar te ayudará mucho si conoces de música.

Con el avance de la tecnología es bueno tener aplicaciones app en tu teléfono móvil los más recomendables son analizadores de espectro tu móvil no tendrá un buen micrófono calibrado para estas tareas de analizar frecuencias, pero te servirá de mucho como referencia en aquellos lugares donde no cuentes con el equipo adecuado.

Conversa con los músicos y aprende las técnicas de afinación con los instrumentos más básicos batería guitarra eléctrica guitarra acústica bajo eléctrico y voces aprende afinar es un complemento indispensable a la hora de realizar un sonido ya sea en el estudio de grabación o un sonido en vivo en ocasiones empezamos a ecualizar y sobre ecualizar una guitarra sin darnos cuenta de que no está afinada y simplemente con el hecho de afinarla ya es más que suficiente guíate de tus oídos que son la principal herramienta de trabajo.

hay que ser puntual si la actividad empieza a las 9 de la mañana es recomendable asistir a las 7:30 8 de la mañana llegar temprano te ayudará a instalar los equipos calmadamente y chequear cuidadosamente que no surjan algún tipo de inconvenientes.

No hay nada mejor que hacer sonido o estar involucrado en alguna de las áreas del sonido a esos grandes artistas a esas grandes personas las cuales nos gustan ya sea un artista nacional o internacional esa canción es favorita que escuchamos por el internet en la radio en los eventos cuando estamos frente a esos artistas haciendo algo que es coloca un granito de arena para que ese sonido salga mejor eso de verdad que no tiene precio por eso te recomiendo que le presta atención a la siguiente historia.

Conocer los micrófonos más comunes en la industria del audio es muy fundamental muchas compañías tienen los mismos modelos o las prestaciones y muy buenos resultados así que te comentaré un poco sobre algunas técnicas consejos sobre microfonía el par en estéreo microfonea los grupos clásicos y acústicos con paredes de micrófonos estéreo tienes que acostumbrarte a utilizarlos y experimenta con ellos padres coincidentes dos micrófonos direccionales con la cápsula muy cercana y en ángulo pares alejados dos micrófonos idénticos separados y paralelos colocados directamente pares casi coincidentes pares cruzados y en ángulo.

Ten cuidado con microfonía muy de cerca colocar micrófono demasiado cerca de los instrumentos producirá efectos indeseados y pocos reales guitarra cerrada instrumento de vientos resonantes como saxofón trompeta si colocan el micrófono muy cercano para que resuenen un poco.

Microfonear instrumentos como saxofón clarinetes es bueno si colocas al músico a una superficie plana y coloco micrófono cardioide de condensador apuntando hacia las llaves.

El efecto de proximidad los micrófonos direccionales tienen a producir el llamado efecto de proximidad cuando se sitúa muy cerca de la fuente sonora

Cuando estas microfoniando el bajo acústico experimenta colocando el micrófono lo más cerca del puente del instrumento.

Un consejo muy bueno para microfoner el clarinete y el saxofón soprano ellos tienen la misma campana en la parte de abajo la frecuencia más alta se proyectan en la base y rebotan de modo que se unen con las frecuencias graves y medias que llegan desde el cuerpo superior de ese instrumento coloca el micrófono sobre el cuerpo.

Si alguna vez te toca grabar una sesión de instrumentos con un solo micrófono te recomendaré que consigas un micrófono hipercardioide.

Para conseguir el sonido ideal de un amplificador de guitarra te recomiendo que coloques el micrófono frente del cono del amplificador y ve subiendo el volumen del mismo amplificador y mueve cuidadosamente el micrófono alrededor de ese cono hasta llegar al lugar perfecto donde se escuche bien el instrumento.

si te toca realizar un sonido en el cual estoy en varias vocalistas y esto a su vez quieran utilizar el micrófono en mano sin necesidad de parar trata que los micrófonos sean dinámicos cardioides algunos modelos pueden Sennheiser 835 el Shure sm 58 son los más comunes en la industria del audio para luces con micrófono en mano.

A la hora de grabar voces en el estudio si los vocalistas van a estar muy cerca de los micrófonos recomiendo usar el filtro antipo.

Si vas a microfonear una batería trata de utilizar en la caja un micrófono Shure sm 57 colócalo en ángulo hacia el parche de la caja a una distancia de entre 3 y 5 cmt asegúrate de colocarlo en oposición al hi-hat para minimizar su injerencia este micrófono es considerado uno de los más clásicos a la hora de microfonear batería la caja en específico.

En algunas situaciones las personas colocan ocho micrófonos o inclusive más para microfonear una batería en caso de extremos donde nada más el operador tenga tres micrófonos tiene que considerar el microfonear el bombo del instrumento y lo sacó dos micrófonos colocarlo por la parte de arriba en forma de V g y hacer un equilibrio entre los tres micrófonos para captar el mejor sonido posible influye también la acústica del lugar.

Hay micrófonos que tienen una función un switch de atenuación utilizado en caso de ser necesario te puede resolver muchos problemas de saturación.

Si tienes que microfonear una guitarra acústica te recomiendo colocar un micrófono fuera del eje de la boca de la guitarra a unos 15 o 20 cm de distancia entre el micrófono y el instrumento a mayor cercanía el sonido resulta más lleno a menudo se coloca un segundo micrófono apuntando hacia el traste del instrumento puedes crear una mezcla entre los dos para un sonido más brillante y con más amplitud puedes probar con micrófono de condensador.

Esta es una profesión de mucha lectura leer mucho referente al audio tendencias tecnología y sobre todo de escuchar mucha música tanto la de disfrute como la no la disfrute no sea cerrado a un solo género musical escucha variedades de géneros variedad de artistas siempre en un constante aprendizaje

Ten en cuenta que es un privilegio es muy buena profesión de Gran manera al momento de poder opinar hacer que un material de un artista suene mejor quede bien grabado sonorizar una banda en vivo amerita de mucho criterio de mucha técnica y sobre todo de mucho compromiso a la hora de subir o bajar un fader un volumen saber por qué se está haciendo y sentirse feliz contento porque el poder permitirse manipular el material el sueño de un artista con nuestras propias manos en nuestro propio oído no tiene precio pero siempre con mucha cautela mucha responsabilidad mucho compromiso.

Logrando así de que ese sonido son en vivo grabación canciones produciendo el área que está desempeñando en ese momento mediante tus técnicas y conocimiento puedes hacer que lleguen más lejos ese artista ese sonido que todo suene bien sin ningún tipo de inconvenientes.

Tienes que ser muy ordenada si estás microfoneando una batería para grabar unas sesiones de un disco trata de la medida posible anotar tomar foto de cómo quedaron microfoneado los instrumentos cómo quedó microfoneado al bombo la posición que están porque puede ser que te toque repetir nuevamente esas grabaciones o hacer un re-mixer de esas sesiones e inclusive ir a otro estudio comparte el material grabado anteriormente donde empezaste siempre muy importante tener las notas ordenadas.

Biografía

En sus comienzos estudio audio en **La Escuela Superior de Audio y Acústica,** Seguidamente grabación digital en **La Academia de Ingeniería Audioplace,** creo el estudio de grabación llamado **Inversiones Studio240,** al pasar de los años Rafael Herrera estudio **T.S.U. En audiovisuales y fotografía,** estuvo becado en **El Instituto Popular de Cultura** aprendiendo música, tocando en la actualidad; **percusión menor, cuatro y flauta. Actualmente es el creador de la academia Studio240.**

Rafael Herrera

Desde siempre se ha enfocado en la educación motivo por el cual realiza un componente docente universitario en la Universidad Bolivariana de Venezuela, con más de 12 años de experiencia en el área del audio la música y el audiovisual, ha trabajado en diferentes áreas: Estudio de grabación, emisoras de radio, conciertos, lugares como Bolívar Films, min ecofinanzas, radio Cien por ciento libre, Lenny Audio, y en muchas congregaciones como operador de audio y profesor, preocupado por la necesidad y el deseo que tienen muchas personas en aprender audio, **Rafael Herrera crea la Academia Studio240** la cual incluye una web oficial donde hay a la disposición: biblioteca online repleta de guías, manuales y videos tutoriales referentes a la música y el audio, **tres salones virtuales de metaverso y una inteligencia artificial, siendo así la primera academia venezolana en implementar este tipo de tecnología,**

actualmente se otorgan múltiples becas de estudios y facilitando el aprendizaje actualizado de la música y audio profesional, actualmente es corista activo de la gran coral de oración tres mil voces.

Agradecimientos

Este libro es dedicado primeramente Jesucristo y a cada uno de nuestros estudiantes de la academia online academia estudio 240 y a cada uno de mis profesores que me enseñaron audio en la Escuela Superior de audio Acústica también al profesor Jesús Sánchez de La Academia Audioplace y el profesor Osvaldo de cultura Popular de cultura esperando de que sea de agrado para cada uno de ustedes.

Dedicado a mi familia y a mis hermanos en la fe, gracias a la compañía PSP Audioware por permitirme describir algunos de sus plug ins. A mi amigo Abilio Salazar por realizar la corrección literaria de este ejemplar. Gracias a los pastores Noel Méndez y Hasybe de Méndez por ser parte de mis comienzos en el audio del sonido del reino.

Muchísimas gracias a todos mis grandes amigos y hermanos que fueron parte del nacimiento de esta obra literaria. **" El sonido del reino" un libro que nace del corazón de Dios.**

Referencia de fuentes

Libro, Ingeniería de audio escrito por Jose Mujica
www.bmigroup.com/es/[1]
https://www.futuremusic-es.com/
https://www.soundonsound.com/music-business/console-changed-mixing-forever
https://es.wikipedia.org/wiki/Solid_State_Logic
https://www.pspaudioware.com/
https://academiastudio240.com/
https://www.facebook.com/
Escuelasuperiordeaudioyacustica/?locale=es_LA
http://tallerdeartesonoro.com/
https://www.academiaaudioplace.com/
https://www.shure.com/es-LATAM/productos/microfonos
https://lexiconpro.com/en
https://dbxpro.com/en
https://jblpro.com/en
http://www.jblvenezuela.com/
https://www.crownaudio.com/en
https://www.akg.com/country-selector?geoip=false
https://www.sennheiser.com/en-de
https://www.soundcraft.com/en

---

1.   http://www.bmigroup.com/es/

Este libro fue escrito y maquetado por
Rafael Herrera
Corrección literaria
Franquis Toledo

Venezuela, Caracas, año 2024